你的任性必须配上你的本事

莘　子　编著

吉林文史出版社

图书在版编目（CIP）数据

你的任性必须配上你的本事 / 莘子编著. -- 长春：吉林文史出版社, 2019.7（2024.8重印）

ISBN 978-7-5472-6012-8

Ⅰ. ①你… Ⅱ. ①莘… Ⅲ. ①成功心理—通俗读物 Ⅳ. ①B848.4-49

中国版本图书馆CIP数据核字(2019)第042412号

你的任性必须配上你的本事

NIDERENXINGBIXUPEISHANGNIDEBENSHI

编　　著　莘　子

责任编辑　张雅婷

封面设计　末末美书

出版发行　吉林文史出版社有限责任公司

地　　址　长春市福祉大路5788号

电　　话　0431-81629353

网　　址　www.jlws.com.cn

印　　刷　北京永顺兴望印刷厂

开　　本　880mm × 1230mm　1/32

印　　张　4

字　　数　80千

版　　次　2019年7月第1版　2024年8月第2次印刷

定　　价　19.80元

书　　号　ISBN 978-7-5472-6012-8

前言

\PREFACE\

年轻的我们，在互联网上看游记、瞧食谱的时候有没有想过去马尔代夫看海？有没有想过去巴黎吃上正宗的法国大餐？在书上或互联网上看到成功人士的传记时，有没有一种希望自己也成为那样的人的向往和冲动呢？谁都想把生活过得肆意而潇洒，都有自己期待已久的愿望和想实现的梦想。

当下的年轻人越来越注重表达自我，张扬、任性成了他们的代名词。其实想做什么就做什么，想要什么就要什么，想喜欢谁就喜欢谁，也是每个人都想的。有些人只是想想说说，有些人却将这些变成了现实。《你的任性必须配上你的本事》一书，让你明白，从现在开始，要让收入配得上奢望，要让任性配得上本事。用本事阐释任性，才是真正的任性！

在本书里，你将为想要的生活找到起点和方向。现在的你吃的苦、流的汗都将成为你将来任性的资本；爱你的人，从来不会教你去任性，只会教你可以任性的本事。这个世界不公平，但是合理。想过你要的生活，你就要比别人更用心、更专注、更努力、更勤奋，不要轻信、执拗、放肆、妄为。有人说过：“人的一切痛苦，本质上都是源于对自己无能的愤怒。”也有人说过：“就算努力了也未必会成功，但不努力一定会很舒服。”而这本书告诉我们：不断努力不是为了被世界看见，而是为了让你在自己想要的时候，就能看见整个世界。当你努力对得起你的任性，你就能够游刃有余地生活工作，甚至让环境来融入你，让世俗来迁就你。所以，不妨在可以任性的时候选择增长自己的本事，在可以选择的时候，去选有益于自己和他人的选项。从这一刻开始，你要为自己下一刻的人生负责，从这一刻开始，你不要让青春辜负了梦想。

目 录

\CONTENTS\

第一章

你的任性必须要配得上你的本事

可以不成功，但不能不成长

在成长的过程中，有一些人因为遭受来自社会、家庭的议论、否定、批评和打击，奋发向上的热情便慢慢冷却，逐渐丧失了信心和勇气，对失败惶恐不安，变得懦弱、狭隘、自卑、孤僻、害怕承担责任、不思进取、不敢拼搏。事实上，他们不是输给了外界压力，而是输给了自己。很多时候，阻挡我们前进的不是别人，而是我们自己。因为怕跌倒，所以走得胆战心惊、亦步亦趋；因为怕受伤害，所以把自己裹得严严实实。殊不知，我们在封闭自己的同时，也封闭了自己的人生。

我们就像鱼缸里的鱼，在鱼缸中待久了，心也变得像鱼缸一样小了，不敢有所突破，有一天到了一个更为广阔的空间，已变得狭小的心反倒无所适从了。其实，心有多大，世界就有多大。如果不能打碎心中的四壁，你的翅膀就舒展不开，即使给你一片大海，你也找不到自由的感觉。打开自己，需要开放自己的胸怀。

开放，是一种心态、一种个性、一种气度、一种修养；是能正确地对待自己、他人、社会和周围的一切；是对自己的专业和周围的世界都怀有强烈的兴趣，喜欢钻研和探索；是热爱创新，不墨守成规，不故步自封、不固执僵化；是乐于和别人分享快乐，并能抚慰别人的痛苦与哀伤；是谦虚，勇于承认自己的不足，并能乐观地接受他人的意见，而且非常喜欢和别人交流；是乐于承担责任和接受挑战；是具有极强的适应性，乐意接受新的思想和新的经验，能够迅速适应新的环境；是坚强，敢于面对任何的否定和挫折，不畏惧失败。

不打开自己，一个人就不可能学会新东西，更不可能进步和成长。开放的胸怀，是学习的前提，是沟通的基础，是提升自我的起点。在一个组织里，最成功的人就是拥有开放胸怀的人，他们进步最快，人缘最好，也容易获得成功的机会。

具有开阔胸怀的人，会主动听取别人的意见，改进自己的工作。比尔·盖茨经常对微软的员工说：“客户的批评比赚钱更重要。从客户的批评中，我们可以更好地汲取失败的教训，将它转化为成功的动力。”比尔·盖茨本人就是一个心态非常开放的人，他鼓励公司里每个人畅所欲言，当别人和他有不同意见时，他会很虚心地去听。每次公开讲演之后，他都会问同事哪里讲得好，哪里讲得不好，下次应该怎样改进。这就是世界巨富的作风，也是他之所以能成为巨富的潜质。

拥有开放的心，你才能充分利用成功的第一原则：一个人只要对自己的信念坚定不移，就没有做不到的事情。打开你的心，让想象力自由翱翔，让你成功的希望越飞越高。

开放的人生来源于开放的思想，开放的思想来源于开放的眼界，开放的眼界来源于开放的行动，开放的行动来源于开放的知识。生活在一个不断开放的国度里，我们也要以开放的胸襟，用开放的思维，用开放的勇气，用开放的行动，为自己建设一个不断开放、不断进步的人生。

人总要经历沧桑，才能见到曙光

大多数时候，我们都很害怕遗憾，特别是刻骨铭心的遗憾，总是极力地去避免。我们都知道一步错、步步错的道理，却忘记了有些弯路是必不可少的。

人生一世，花开一季，谁都想让此生了无遗憾，谁都想让自己所做的每一件事都永远正确，从而达到自己的预期。可这只能是一种美好的幻想。人不可能不做错事，不可能不走弯路。做了错事，走了弯路之后，谴责自己是很正常的，这是一种自我反省，是改正的前奏曲，正因为有了这种积极的谴责，我们才会在以后的人生之路上走得更好、更稳。但是，如果你因此一蹶不振，自暴自弃，那么这种做法就是愚人之举了。

在人生的路上，有一条路每个人非走不可，那就是年轻时候的弯路。不摔跟头，不碰壁，不碰个头破血流，怎能炼出钢筋铁骨，怎能长大呢?

我们总是喜欢看别人的经验，看别人如何才能不走弯路。这是一个好习惯，同时也是迷茫的根源。为了不走弯路，我们阅览群书，结果却陷入了似乎什么都懂又似乎什么都不懂的迷茫境地。缺少了实践的基础，一切都好像是活在云里雾里的虚无缥缈中。看书的时候以为自己无所不能，可到了现实生活中却又不知道该先迈哪只脚了。

经验可以给我们很大的帮助，但事物是不断变化的。这就要求我们具体问题具体分析，大胆突破不用大脑、东施效颦式的经验模仿，而选择在模仿经验的时候发挥自己的创造力。一个人如果没有创新精神，事事模仿别人，就无法充分发挥自己的创造力，更不能发展自己身上独特的潜质。

很多东西，非要亲自体验了，摔跟头了，才会刻骨铭心地记得，才会变得更聪明。在父母怀里长大的孩子，一般都会有些幼稚和晚熟。而那些离开父母保护的孩子，则会在孤独和不断的摔跤中迅速长大，并在各项素质上远远地超越同龄人。

成长，其实就是一个走弯路的过程。非要经历阵痛，才能慢慢长大。正如陆游所说，纸上得来终觉浅，绝知此事要躬行。一个孩子，父母再怎么给他比试如何走路，可是如果他不亲自尝试，不经过摔跤，又怎么能学会走路呢？别人的经验不经过实践始终都是大脑里虚无缥缈的概念，没有脚踏实地亲自验证的经验等于没有经验。人生中的一些弯路是必需的，因为它会不断地使人在亲身感受中获得真实的力量和进步。

敢于走在人先，才能赢在人前

我们生活在一个充满经验的世界里，从小到大，我们看到的、听到的、感受到的、亲身经历过的各种各样的大小事件和现象，都成了我们人生的智慧和资本。常常听到有人说，“我吃的盐比你吃的米多”“我过的桥比你走的路多”，可见人们常以经验丰富而自豪。

在一般情况下，经验帮助我们处理日常问题，只要具有某一方面的经验，那么在应付这一方面的问题时就能得心应手。特别是一些技术和管理方面的工作，非要有丰富的经验不可。老司机比新司机能更好地应付各种路况，老会计比新会计能更熟练地处理复杂的账目。所以，很多时候，经验成了我们行动所依靠的拐杖。但经验不是放之四海而皆准的真理，经验也给我们带来了不少沉痛的教训，因为经验是相对稳定保守的东西，是属于过去式的“历史”，而现实却是在不断变化发展的，所以经验并不一定能解决当前的问题。

经验本身没有错，它是一笔宝贵财富，对我们来说有很大的指导意义。但我们要在合适的时机用好经验，因为一旦经验形成思维定式，就会变成一种枷锁，妨碍我们打开新思路，寻找新方法，长此以往，就会削弱我们的创新力。

经验告诉我们的只是过去成功或失败的过程，而不是未来如何成功的方法。千万不要以为在人生这个广袤的大海里，只能抱着那些曾经的经验，在祖辈开辟的领海中游弋。

日常生活中，太多习以为常、耳熟能详、理所当然的事物充斥在我们的身边，逐渐使我们失去了对事物的热情和新鲜感，经验成了我们判断事物的“金科玉律”。随着知识的积累、经验的丰富，这些“金科玉律”使我们越来越循规蹈矩，越来越老成持重，致使我们的创意被抹杀，无法获得突破性进展，无法成为一个富于开拓进取的人。

其实，每个人都会受“金科玉律”的限制，若能及时从中走出来，实在是一种可贵的醒悟。与生俱来的独一无二的创造态度，勇于进取，绝不自损、自贬，在学习、生活中勇于独立思考，在职业生活中精于自主创新，正是能够从自我囚禁的“栅栏”里走出来的鲜明标志。

另外，要从自囚的“栅栏”里走出来，就要还思维状态以自由，突破经验定式。在此基础上，对日常生活保持开放的、积极的心态，对创新世界的人与事持平视的、平等的姿态，对创造活动持成败皆为收获、过程才最重要的精神状态，这样，我们将有望形成十分有利于开创人生的心理品质，并使得有可能产生的形形色色的内在消极因素及时地得以克服。

摆脱经验定式要求我们拓展思路，海阔天空，束缚越少越好。尤其在今天这个信息爆炸、瞬息万变的时代里，过去的经验往往就是未来失败的最大原因。从某种意义上来看，经验是一种指导我们“只能怎样怎样”“绝不应怎样怎样”的行动手册，对很多人来说，经验就成了无法跳出的框框。

成长路上，我们拓展思路，海阔天空，最好没有束缚。正是因为如此，年轻人的“经验少”并不是一种缺点，有时反而是一种优势，是“敢闯敢干”的代名词。所以，我们不要笃信“经验之谈”，因为迷信经验将束缚住我们行动的手脚。要有初生牛犊不怕虎的勇气和精神，用好“敢干敢闯”的精神，牛犊也能闯出一片新天地。

能忍非常痛之人，才能成非常事

困境好比是一片苦海，对于一筹莫展，只会叹息的人来说，这片苦海是没有边际的，而对那些勇敢地航行的勇士来说它又是一笔财富。而做成的事业是神奇的。当一切力量都已逃避了、一切才能宣告失败时，坚韧却依然坚守阵地，依靠坚韧，终能克服许多困难，甚至最后做成许多原本已经失望的事情。把困境当作一种历练，它会助你成长。

生活中有许多人有着不幸的环境，但是有很多人却被环境的困难和阻碍击倒了。然而，有许多人，因为一生中没有常同“阻碍”搏斗的机会，而又没有充分的“困难”足以刺激起其内在的潜伏能力，于是默默无闻，真是可惜。阻碍不是我们的仇敌，而是恩人，它能锻炼我们“战胜阻碍”的种种能力。森林中的大树，如果不曾同暴风猛雨搏斗过千百回，树干就不能长得十分结实。同样，人不遭遇种种阻碍，他的人格、本领是不会得到提高的，所以一切的磨难、忧苦与悲哀，都是足以锻炼我们的。

缺乏坚韧与自信的人，在自身遇到困难时，使自己陷于悲观与沉沦，往往干不成大事，也得不到别人的依赖与敬佩。唯有那些有坚定的决心、有十足忍耐力的人，才能创造一切，为他人所敬佩。对于缺乏坚韧的人来讲，这个世上他们几乎找不到自己的地位，而那些意志坚定的人能够战胜任何困难，世界反会替他们开辟道路。以一颗富有坚韧的心，坚持自己的意志，并发挥自己的天才，便会获得成功。

有成就的人，他们的成功大部分是因为苦难激发了他们的潜能。他们深陷困境，反而会激发他们一种出乎意料的助力，促使他们加倍地努力而得到更多的报酬。正所谓：“苦难对我们有意外的帮助。”

一个大无畏的人，愈为环境所困，反而愈加奋勇，不战栗，不逡巡，胸膛直挺，意志坚定，敢于直面任何困难，轻视任何厄运，嘲笑任何阻碍。因为忧患、困苦可以加强他的意志、力量与品格，使他成为人上之人。这才是世间最可敬佩、最可羡慕的一种人物。困难和阻碍不能阻挡这种人成为强者！

优质人生，从懂得积累开始

做任何事情，都要重视一点一滴的积累，从量变达到质变。走好每一小步路，你才会走向成功。连小事都做不好的人是做不成大事的。

正如海尔总裁张瑞敏所说的：“把一件平凡的事做好就是不平凡；把简单的事做好就是不简单。”能做好细节的人也许未必一定能做好大事，但可以肯定的是做不好小事的人，大事就不可能做好。

生活中我们经常会发现，那些功成名就的人，在功成名就之前，早已默默无闻地努力工作过很长一段时间。成功是一种努力积累的结果，更是苛求工作细节的最佳诠释。在实际工作中，唯有苛求细节的尽善尽美，才是走向成功的最佳途径。如果凡事你都没有苛求完美的积极心态，那么你永远无法达到成功的顶峰。

你若得过且过，哪有来日方长

人的一生要度过许多的“今天”，可以说，这样的每一天都是组成人生的基本构件。然而看似简单的人生却常常会在迷惑中度过。尤其是对那些认真工作的人来说，这样的迷惑或许就更深些。他们会思考自己究竟为了什么去从事这项职业，不断思索劳动的目的，思考工作的意义。也许越是苦苦思索，越是不得其解。

在每一个“今天”中，前进是最低限度，无论这一步是大是小，总要向前推进。同时，要反思今天的工作，以便为明天总结出一点儿经验或教训。为了达到目标，不管天气多么恶劣，不管境遇多么艰难，稻盛都全神贯注，全力以赴。一天，一个月，一年过去了，五年，十年，他始终锲而不舍。直到今天，他踏入了当初根本无法想象的境地。

就这样，奔着“今天”的目标去，让每一个“今天”都没有虚度的遗憾，每天获得积累。今天比昨天更好，明天又比今天好。将今天一天作为“生活的单位”，天天精神百倍，日复一日，拼命工作，以这种踏实的步伐，就能走上人生的王道。

想尽方法提高自己的能力，哪怕每天只有一点点进步，以便在“未来这个时点”实现既定的目标。如果只用自己现今的能力来判断决定能不能做，那么，就没有挑战新事业，或者实现更高的目标的可能性。人的能力像黄金一样，有着良好的延展性。基于对这一点的坚信，面向未来，去描绘自己理想的人生。

不积跬步，无以至千里。不要小看每一天的成长，相信只要坚持努力，就能享受比昨天更好的今天，努力打造比今天还好的明天。

从小步开始，增加“走出大步”的可能

成功与不成功之间的距离，并不像大多数人想象的那样是一道巨大的鸿沟。成功与不成功之间的差别只在一些小小的动作：每天花十分钟阅读、多打一个电话、多努力一点儿、多一个微笑、演出时多费一点儿心思、多做一些研究，或在实验室中多试验一次。伟大的哲学家冯·哈耶克告诫道：“如果我们多设定一些有限定的目标，多一分耐心，多一点儿谦恭，那么，我们事实上倒能够进步得更快且事半功倍；如果我们自以为是地坚信我们这一代人具有超越一切的智能及洞察力并以此为傲，那么我们就会反其道而行之，事倍功半。”

《礼记·大学》中有句话：“苟日新，日日新，又日新。”老子在《道德经》中说：“合抱之木，生于毫末；九层之台，起于累土；千里之行，始于足下。”这些古老的中国经典文化都说明了一个道理：量变积累到一定程度就会发生质变。一个人，只要坚持每天进步一点点，终有到达成功的那一天。

先改变自己的态度，才能改变人生的高度

踌躇满志、春风得意是人人都向往的人生境界。但得意者绝对不能忘形，而应保持平易谦和的姿态，只有这样，你才能得到更大的利益，获得更大的成功。

当你被上司提升或嘉奖的时候，常常会自鸣得意吗？如果

是，那你就要好好学一番涵养功夫，把你那因升迁而引起的过度兴奋压平才好。你可能已经拟订了一个非常严谨的人生奋斗计划，有些目标可能是很完善和可赞赏的。但在你没有达到这些目标之前，中途的一些升迁可以说是微乎其微的小事。也许你在施行一个计划时，一着手就大受他人夸奖，但你必须对他们的夸奖一笑置之，仍旧埋头苦干，直到隐藏在心中的大目标完成为止。那时人家对你的赞叹，将远非起初的夸奖所能企及。

反之，如果你稍有成绩便沉不住气，骄傲自大、自以为是，你就会在自己与外界之间树起一道无形的“城墙”，你会看不到别人的闪光点，自以为是，止步不前。另一方面，居功自傲也是职场大忌，一个骄傲自满的人，将不容易听取他人的意见，故步自封、唯我独尊，这样将势必引起同事和上司的反感，甚至到被开除的地步。

每个组织或者每个部门中都有或多或少的“战略性工蜂”，要么是技术能手，要么是业务骨干，要么是管理精英，很受上司器重，有些人也因此而飘飘然起来，见到其他职员常常鼻孔朝天，敷衍了事，爱理不理。这是人性的弱点，也是职场的大忌，这样只会令别人疏远你。这些高傲的职场红人们忽略了一点：世界上的一切都在发展变化之中，你再有能耐，也只能够证明你的过去和现在。强中自有强中手，说不定哪天就来了个更加能干的职员，说不定哪个曾经被你深深刺痛却毫不起眼的职员就不知不觉迎头赶上、超过甚至替代了你。记住那句老话，“骄傲使人落后，谦虚使人进步”，在平时的工作中，千万不要自以为是，唯有不断超越自己，你才有笑傲职场的资本。

所谓“成功常在辛苦日，败事多因得意时”。骄傲是一把利剑，有多少人因为自己的傲慢、一意孤行，而最终败走麦城。面对自己所取得的成绩应该自豪，再接再厉，但不能被这些成绩冲昏头脑，以致最后一败涂地。

在这个世界上，谁都在为自己的成功拼搏，都想站在成功的巅峰上。但是成功的路只有一条，那就是放低心态，不断学习。在通往成功的路上，人们都行色匆匆，有许多人就是在稍一回首，品味成就的时候被别人超越了。因此，成功的路上没有止境，但永远存在险境；没有满足，却永远存在不足；在成功路上立足的最基本的要点就是：“学习，学习，再学习。”只有得意时仍不忘形，不断超越自己，才有长足的发展。

第二章

说“我想”的下一秒，你得有底气说“我能”

不是你不行，是你禁锢了自己的潜能

每个人都蕴藏着巨大的能量，有些人或许不相信。这种“自知之明”是非常不积极的，其实我们谁也不真正了解我们究竟有多大的力量。为了证明这一点，我们引用一个“科学的实验”来加以解释，使它听起来显得合理一些：

将一个普通人催眠，然后把他的头和脚搁在两只椅子的边上，让身体悬空。这时让六七个人站在他的身上，他竟然可以支持得住。后来在他的身上搁了一块木板，让一匹马站上去，他竟然还能支持得住。按照常理来说，一个普通人的体力决不能支持一千多磅的重量，但是在催眠状态下，他竟然毫发无损而且轻轻松松地做到了。

这力量不是凭空而来的，也完全没有借助外力或者兴奋剂之

类的药品，是的的确确来自于他的身体内部，这便是潜伏在他身体里面的巨大的潜能。如果这个人在正常情况下，要承受这种力量，别说悬空，就算是平躺在地上恐怕也被压致重伤。人的身体就是一个宝藏库，在每个人的身体里面，都潜伏着巨大的能量。只要你能够发现并加以利用这种力量，便可以成就你所向往的一切东西。要打开这个宝库，先要相信有这么一个宝库。

我们每个人身上都蕴藏着巨大的潜能，每个人都有成为天才的可能。有信心的人，可以化渺小为伟大，化平庸为神奇。但很可惜的是，我们很多人对自身的潜能置之不理，总是想借助外界的力量来完成自己的愿望。终日焚香祷告，祈求神灵，实在有些舍本逐末的意味。

“恃人不如自恃也”，依靠别人不如依靠自己。放着自己身上巨大的潜能不去挖掘使用是一种极大的损失。

美国学者詹姆斯根据其研究成果说：“普通人只发展了他蕴藏能力的1/10。与应当取得的成就相比较，我们不过是在沉睡。我们只利用了我们身心资源的很小的一部分，甚至可以说一直在荒废。”我们很多人一遇到困难就去寻找外力的帮助，甚至是连寻求帮助也免了，直接就放弃。我们从来不相信自己有能力去做好它，从不想想自己拥有的潜在的力量，就这样一直荒废着。

试着相信自己，相信我们每个人的身体内蕴藏的巨大潜能等待着我们去发掘，一旦找到，它将成为我们无穷的信心能量。如果能够唤醒这种潜在的巨大力量，就往往会出现奇迹。世界上有无数平凡的人，但在这些人的体内同样有着巨大的潜能，只要能够激发他们体内的一小部分潜能，就可以成就他们伟大的、神奇的事业。

美国心理学家马斯洛指出：“实际上绝大多数人都有可能比现实中的自己更伟大些，只是缺乏一种不懈努力的自信。”不懈努力的自信，是引爆自身强大潜能的导火线，可以促使我们创造更大的成就。

“能不能”在于你“信不信”

信仰使人拥有力量，信仰也使人失去力量。很多事情出现在我们面前，表现出一副高不可攀的模样，其实并不是我们力不能及的。有时候能不能做到，也就是一念之间的事情。不相信能做到，那么也只有被它嘲弄懦弱无能的份；而你相信能做到的话，问题就会迎刃而解。

有一次，拿破仑·希尔问PMA成功之道训练班上的学员：“你们有多少人觉得我们可以在30年内废除所有的监狱？”学员们显得很困惑，怀疑自己听错了。一阵沉默过后，拿破仑·希尔又重复一次：“你们有多少人觉得我们可以在30年内废除所有的监狱？”确信拿破仑·希尔不是在开玩笑后，马上有人出来反驳：“你的意思是要把那些杀人犯、抢劫犯以及强奸犯全部释放吗？你知道这会造成什么后果吗？那样我们就别想得到安宁了。不管怎样，一定要有监狱。”“社会秩序将会被破坏。”“某人生来就是坏坯子。”“如有可能，还需要更多的监狱。”

拿破仑·希尔接着说：“你们说了各种不能废除的理由。现在，我们来试着相信可以废除监狱。假设可以废除，我们该如何着手。”大家勉强把它当成试验，安静了一会儿，才有人犹豫地说：“成立更多的青年活动中心可以减少犯罪事件的发生。”不久，这群在10分钟以前坚持反对意见的人，开始热心地参与讨论。“要清除贫穷，大部分的犯罪都源于低收入”“要能辨认、疏导有犯罪倾向的人”“借手术方法来治疗某些罪犯”……总共提出了18种构想。

把不能做到变成相信能做到，就会有意想不到的收获。

即使无人喝彩，也要为自己点赞

我们每个人都有缺点，但我们应该从容地面对和努力地改正，而不是畏畏缩缩地躲在自卑情绪之下。可躲又躲不了，这种自卑者往往又是极为敏感的，别人不小心的碰触都会让其卑羞莫名。哪怕是别人的一个不经意的眼神或者是一句没有任何用意的话，自卑者都觉得是在对自己进行评头论足。

长期被自卑情绪笼罩的人，一方面感到自己处处不如别人，一方面又害怕别人瞧不起自己，逐渐形成了敏感多疑、胆小孤僻等不良的个性特征。

自卑者总是在意别人的眼光，总以为别人在对自己的缺点指指点点。所以总会有意地拿自己的缺点去跟别人的优点作比较，这种用自己的鸡蛋跟人家的石头较量的“精神”所产生的后果就是更加自卑。

每一个事物、每一个人都有其优势，都有其存在的价值。能看到别人的长处是好事情，但我们不应该妄自菲薄，我们要做的是仔细正视自己，发现自己的优点，并且相信自己。

一切勇敢的新鲜尝试和开拓创新都是建立在对自身情况比较了解并且自信的基础上的，有了自信才有去创造的勇气和行动。一个缺乏自信心的人，常常看不到自己的优势所在，就更不会想到用自身的优势去尝试某种事物。自信者的眼光总是放在自己的优势上，而自卑者总是把焦点聚集在自身的缺陷上。对于可怜的自卑者，我们只有“哀其不幸，怒其不争”。一个自卑者看不见自己的长处，也就谈不上发挥自己的优势，辜负上天赋予自身的才能是一种极大的浪费。成功是不会青睐这种自卑者的。

人海茫茫，活出自己的模样

自信是心灵的振奋剂，对我们来说是非常重要的一个品质。万物有长有消，我们不可能让自己的心灵永远保持振奋状态，心灵的振奋会随时间的流逝而渐渐消退。因此这时候，我们就有必要重新找找信心，为自己的心灵打上一针振奋剂。

一个军队最重要的素质就是士气，哪方有士气，哪方的士气高，战争的最终胜利就属于哪方，必胜的信心就是士气的源头。人生也是如此，只要我们充满自信，鼓足士气，成功就会离我们不远。因此为了成功，即使我们身份卑微也不能自卑，我们要给自己一个相信自己的理由。

二十多岁的男人可能像大仲马年轻时候一样，什么都不会，感觉自己一无所长、一无是处、一头雾水，然后在自卑中庸庸碌碌的过完一生。我们跟那些风光体面的成功者相差太远了，我们缺少资金，其他条件也比不上，但是这些并不是决定成败的关键因素，因为“成功与贫富无关”。我们与成功者相比，差别正在于我们缺乏自信。

当然，资金丰厚、人脉广博和其他优势条件会让人有自信，甚至是盛气凌人，但是我们也可以为自己找到自信。做到这个可以非常简单，简单到只需要一个简单的理由。我们环视自己，也许这个简单的理由就是“我写的字很漂亮”。

先相信自己，别人才会相信你

拉罗什富科说：“我们对自己抱有的信心，将使别人对我们萌生信心的绿芽。”

世界上没有任何两个人是完全相同的，大家都有各自的特点。对于别人身上的优点特质，我们可以仰慕和崇拜，但是我们绝对不能轻视和忽略了自身的长处；我们可以信任别人、相信他们有能力把事情做得出色，但首先我们最应该相信的人就是我们自己。对自己抱有信心，才能让别人相信我们。

别人对我们的信心是我们自己前进的动力，因为我们背负起了别人的信任，这是一种使命，多了使命感也就多了一份原动力。

跨越自己给自己设定的藩篱

很多人遇到过类似这种情况：我们喜欢电影，满怀信心和憧憬地想要当明星拍电影，这时候会有人给我们“当头一棒”，相当“委婉”地劝我们说“年轻人，你这模样长得，把脸挡上就跟明星一个样”；或许我们热爱书籍、心有感悟，自己也想写本书，这时候会有人劝你说“别装文艺了”；或许我们喜欢体育，想要当个长跑或短跑运动员，这时候会有人过来说“就你那两条小短腿，接在一起还没我的长呢”。他们都表现的苦口婆心、语重心长，一副“不听老人言，吃亏在眼前”的神情。

在生活中，我们准备好了并下定了决心做某件事情，此时会有过来人或者权威人士对我们说，这种事情是行不通的，我们满怀的信心和豪情顿时退了一大半。有些时候，听从他人的劝阻是一件正确的事情，这会让我们少走一些弯路。但是过来人或者权威人士毕竟不是完人，他们的观点可能会是错误的。因此在这举棋不定的时候，我们不能迷失自己，我们要做的就是要多相信自己一些。

当我们遇到外力的一致反对时，一定要保持清醒的头脑，绝对不能人云亦云、亦步亦趋，我们自己一定要认真思考后再作出判断。是的，未来是不可预测的，在不能确定事物如何发展的情况下，我们的确会举棋不定。培根说：“深窥自己的心，而后发觉一切的奇迹在你自己。”在这举棋不定之时，我们应该选择多相信自己一些，奇迹往往在你自己。

自信，人生才能有幸

这是一个平凡女人的自信带来的成功。自信使她白手起家寻求生路；自信给了她战胜厄运的勇气和胆量；自信也给她带来了聪明和智慧。任何人都会成功，只要你肯定自己、相信自己一定会成功，那么你将如愿以偿。

自信与胆量密切相关，自信可以产生勇气，同样，勇气也可以产生自信，而缺乏胆量或过分的自我批判就会削弱自信。

自信是成功人生的最初的驱动力，是人生的一种积极的态度和向上的激情。

同是享用一盘水果，有的人喜欢从最小最坏的吃起，把希望放在下一颗，感觉吃过的每一颗都是盘里最坏的，这盘水果就彻头彻尾成了一盘坏水果了。相反，有的人喜欢从最好最大的吃起，那么吃下去的每一颗都是盘里的最好的，美好的感觉可以维持到最后。

这是一种奇妙的非逻辑性的感觉，充满心理错觉和心理暗示。

同是看一个人，一个比自己优秀的人。自信的人懂得欣赏，并在欣赏的过程中充实自己，相信“我可以更好”；自卑的人萌生嫉妒，并在嫉妒的过程中不断丑化对方，让自己相信“原来我看错了”。

相隔并不遥远，就像在有雾的天气里近处的一盏路灯。灯光暗淡，光影模糊，感觉很有一段距离。然而等太阳出来，云雾散去，才发现原来那盏灯就在眼前。

真正的自信是一种睿智，那是胸有成竹的镇静，是虚怀若谷的坦荡，是游刃有余的从容，是处乱不惊的凛然。

自信不是初生牛犊不怕虎的意气，也不是搬弄教条经验的冥顽。自信不是孤芳自赏，不是夜郎自大，也不是毫无根据的自以为是和盲目乐观。自信的魅力在于它永远闪耀着睿智之光。它是深沉而不浅表的，是一种有着智慧、勇气、毅力支撑的强大的人格力量。

真正自信者，必有深谋远虑的周详，有当机立断的魄力，有坚定不移的矢志，有雍容大度的豁达。它蕴涵在果决刚毅的眉宇之间，是夸父追日，生生不息。它潜藏在宽阔博大的襟怀之中，是高瞻远瞩，胸怀全局。它浮现在力挽狂澜的气势之上，是审时度势，取舍自如。

乐观的态度、自信的人生，是充实而又富有的，是另一种别样的财富，这种财富只有拥有了乐观自信的人才会拥有它。

相信自己，你将无所不能

为什么不多给自己一些信心呢？还是那句老话：成功从自信开始，自信是成功的基石。

自信是走向成功的第一步，当你用满腔的自信去迎接考验时，就相当于打响了走向成功的第一炮!

有些人平时会和身边的朋友亲人可以自由地侃侃而谈，而往往遇到陌生的却很关键场面就会变得很怯场，等于人为地为自己的成功之路设置了障碍。

美国一位职业指导专家认为，“21世纪人们首先应当学会的是充满自信地推荐自己的技能”。可见，在现代社会，面试过程中如何自信自如地把自己推荐给主考官是决定一生的大事。所以，每一个人都应当高度重视，记住：成功从自信开始，要想赢得一生的辉煌，就首先要满怀热诚地相信自己。

第三章

想要过得体面，就别让自己那么敷衍

把事做到极致，为目标而坚守

在追求梦想的道路上，要时刻提醒自己：做事的时候不要一味地贪多求快，凡是真正成大事者，都会戒骄戒躁。只有坚持不懈，梦想才不再遥远。

坚持就是胜利，所有人都懂得这个道理，但是要真正做到并不容易。始终记着心中的目标，坚持就不再是盲目的举动。古人云“不积跬步，无以至千里；不积小流，无以成江海”，坚持不懈地努力，最终会换来丰硕的果实。

人生中有许多时候都是需要坚持的。谁坚持到最后，谁就能赢得胜利。许多伟大的成就都是坚持的结果。不管未来多么遥远，前方的道路多么坎坷，只有坚持到底，才能获得胜利。

世间最容易的事常常也是最难做的事，最难的事也是最容易做的事。说它容易，是因为只要愿意做，人人都能做到；说它难，是因为真正能做到并持之以恒的，终究只是极少数人。巨大的成功靠的不是力量而是韧性，竞争常常是持久力的竞争。有恒心者往往是笑到最后、笑得最好的胜利者。每个人都有梦想，而追求梦想需要不懈地努力，只有坚持不懈，成功才不再遥远。

纵有疾风来，人生不言弃

很多人在树立目标之初，能够坚定不移地向着目标迈进，但是不久之后，他们或者遇到了无法避免的挫折，或者遇到了令自己无法抵御的诱惑，于是在不知不觉中转移了注意力。此时，他们生命的航道开始偏离原来的目标,而且越走越远。

柏拉图说："成功的唯一秘诀，就是坚持到最后一分钟。"在很多时候，许多看似强大的人却脆弱得不堪一击，而那些似乎注定要失败的人反而创造了奇迹。这一差别的关键就在于,成功者能够坚持目标，埋头去做，不言放弃，一直到最后一分钟。

现实生活中，每一个渴求成功的人都应该做到：无论在何种情况下，都不要轻言放弃，一定要沉住气，坚持到最后一分钟。毅力是世界上最强大的力量，拥有毅力的人，无疑是伟大的,它会让人具备无穷的智慧和克服困难的能力，使人拥有一股百折不挠的强大力量，最终找到通向成功的道路。

做事不仅要“身入”，更要“心入”

做事不仅要有行动，更要有心，能沉得下去，深得下去，全身心地投入才能够做好事，成大事。

成功需要一种“掘井及泉”的踏实精神。浮躁的人，即便坐下来，也是心猿意马，不求甚解，这样自然就无法做出成果。做事只有深入实际，才能发现问题；也只有深入实际，才能做出成果。然而浮躁者，往往只能“身入”而不能“心入”，就像井里的葫芦，看起来沉下去了，实际还浮在水面上。要把事做好，就要有一股一抓到底的狠劲和百折不挠的韧劲，不解决问题不罢休，不做出成果不撒手。

不信笔、不虚言，不纵情、不任性，忠于事实和资料；慎于旁骛，绝不苟免，勤于权衡，绝不偏执；板凳能坐十年冷，文章不写半句空。我们也应当拒绝浮躁，学习这种工作态度。

在必须奋斗的年纪，不要选择安逸

成功=99%的汗水+1%的灵感。

这是大发明家爱迪生告诉世人的成功公式，这位一生都在努力工作的“发明大王”，用2000多项发明向全世界做了诠释。

切实的努力是获得成功的最好捷径，当你问及每一位成功者的秘诀是什么时，他们都会有相同的一个答案：总是比别人更努力，并且千方百计地做到最好。人生中任何一种成功的获得，都始于勤并且成于勤，与其整日幻想、算计，不如扎扎实实地做出成绩，那么成功就会走向你。

现实生活中，我们都有梦想，都渴望成功，都想寻找一条捷径让自己平步青云。但捷径不是每个人都能找到的，只有用心做事、勤奋耕耘才是正道。

人生很难有永远的依靠，靠人不如靠自己。在这个竞争的社会里，不存在长期的保单，机遇留给有准备、有实力的人，沉住气，用自己勤劳的双手与聪明的大脑经营事业与人生，才是最有效的捷径。

世界上哪有炼金术，真正能够炼出金子来的是自己勤劳的双手。阿松用十年的努力，不仅收获了一屋子的黄金，而且收获了“勤能补拙是良训，一分辛苦一分才”的道理。

天道酬勤。人生的收获不是上天的恩赐，也不是依靠幸运就能得到的，而是通过实实在在的努力所得。对于成功来说，环境、机遇、天赋、学识等外部因素固然重要，但更重要的是自身的勤奋与努力。一分耕耘，一分收获，投入更多的汗水，才能换来更大的收获；你付出得越多，你才越有可能成功。

不管情况多么糟糕，相信就能做到

认真、拼命、努力工作，这些看似平凡的行为，却是我们成功的真谛。正如龟兔赛跑当中那只傻傻的乌龟，明知道以自己的速度根本赢不了矫步如飞的兔子，可就是硬凭着一股子傻劲一步一步地“跑”在了兔子前面。

我们身边一定有这样的例子。有的人认真学习能得到80分，有的人头脑聪明却不好好学，但也能拿到60分。后者说前者是个“只知道傻读书的呆子”“我要是认真读书，拿100分也不在话下”。

可是，在实际工作和生活中，能取得成功并不是只凭聪明，那些天生愚笨却能凭着一股傻劲拼命努力、硬是克服困难、硬是战胜了挑战的人，也大多都获得了成功。

人生是一出长长的大舞台，人人都有自己的角色，人人也都有自己的表演方式。天生有着好形象的演员固然能够得到一时的青睐，成为“偶像派”；但是如果想要在人生的舞台上演一出精彩的戏、想成为主角，无论你有没有天生好条件，都必须用一种不达目的绝不止步的“傻劲”去提升自己的表演能力，将自己打造成一个“实力派”，只有这样才能不被命运这位导演赶到跑龙套的位置上。

认真能把事做对，用心能把事做好

有人说：“如果环境更好一些，我的成就可能会更高。”的确如此，一个好环境的确可以造就一个成功的人生，但是好环境可遇不可求，对于我们大部分普通人而言，环境始终是不可控的因素，在难以改变的环境面前，我们要做的不是得过且过、随波逐流，而应该沉住气，积极行动起来，以实际行动改善自己的现状。

总体来说，影响我们成功的因素主要有客观因素和主观因素两大类。客观因素就是我们身处的“外部环境”，例如社会环境、人脉资源、学习条件、企业用人需求、个人机遇等。与此对应，个人能力、心态、人品、责任感等主观因素，构成了我们成功所需要的“内在环境”。其中责任感可以看成是这些内在主观因素的核心，一个有责任感的人，自然就会有脚踏实地的心态，这样的人，即便是能力平平，也会比其他人拥有更多的成功机会；而如果缺乏责任感，做事情拈轻怕重，即使有再强的能力也难以充分发挥出来。

责任感是一个人积极工作的内在动力。找到了心中的责任感，明白了工作的意义，你就会充满激情地投入到工作中。如果我们用这种负责任的态度工作，必然能够发挥出最大的潜能，创造出最大的价值，成为工作与生活中的赢家。

明确责任、认真负责，取得成功有时候就是这样简单。学历不高不要紧，没有背景也没关系，因为这些东西跟能力、业绩没有直接的关系。在工作中，学历高、能力差，或者能力强、业绩差的人随处可见。相反，一个人要是有了责任心，那他便会有强烈的使命感，能够沉住气，对工作负责到底，想方设法将工作做到完美，而这个过程也是不断提升自我的过程。

责任心是衡量一个人成熟与否、优秀与拙劣的重要标准。如果一个人放弃了责任，就等于放弃了自身在这个社会中更好的生存机会。同样，如果一个人放弃了承担责任，或者蔑视自己的责任，就等于在可以自由通行的道路上自设路障，摔跤绊倒的只有自己。

不要怕承担责任。事实上，责任也有两面性，如果你看责任的正面，也许是压力重重，但如果你看责任的背后，就会发现机会多多。须知，一个人承担的责任越大，创造的价值越大，获得的成就也就越大。沉住气，埋头去做，让责任之心载你远航，你会发现你所能做的，你能得到的，远比你想象的要多。

人生没有标配，每一步都珍贵

《老子》里有一句话叫“慎终如始，则无败事”，意思是事情将结束时仍然认真、谨慎地去做，事情就不会失败。

老子提出要“慎终如始”，这是他对人生的体验，因为人生中总会有许多人做事不能持之以恒，在快要接近成功的时候失败了。老子认为出现这种情况的主要原因在于成功之前，人们沉不住气，不够谨慎，开始懈怠，失却了刚开始时的热情。可是他们却没有记住，能够善始善终的人才是真正的大赢家。

现实生活中，有不少人追名逐利，经不起风浪，成名致富之后，往往心高气傲，目空一切。有些年轻人心浮气躁，遇到坎坷就有畏缩情绪，缺乏奋斗目标和理想信念，对此不妨做一下反省。

善始善终，就是对成功的不懈追求，是一种淡泊名利的心态，是一种境界、一种超脱。正因为有了这种心态和追求，才能够在自己的岗位默默奉献；善始善终也是一种自信，心不骄，气不馁。无论做什么事情，都能够沉住气，精益求精，坚持到底。

有信念的人，命运永远不会辜负

任何一件事情，无论它有多么的艰难，只要你认真去做，全力以赴去做，就能够化难为易。一个人比较成功，一定是他比较认真。假如一个人还没有成功，那他一定还不够认真。认真就是你用生命，用真实的感情，用全部的热情，坚持不懈地去做一件事的态度。

我们通常认为的成功人士，往往都是能够沉住气、坚持不懈的人，凡是他们认定的事，都会坚持地做下去，并且认真地去做，还要做到最好。即使中间遇到再大的困难，也决不放弃。

诗人纪伯伦说过："工作是看得见的爱。"李超对待工作的态度就是认真，对认定的事，他一定要认真做到底，特别是在面对自己没有经验、没有把握的工作时更能牢牢记住这一点。只有这样，才会真正鼓起勇气去面对一切困难，发挥出自己的潜力，从而获得在别人或者自己看来都是不可能的一切。

在通往成功的道路上，大多数人关注更多的是才能的积累和机遇的把握，却忘了"认定的事情要认真做到底"这样一个简单的道理。为人处世要沉住气，脚踏实地地努力，比大多数人多一些韧性、多一份坚持、多一点儿认真，唯有如此，才能为成功积累更多的经验和资本。

用实干证明，你做的不是白日梦

目标的力量是巨大的。远大的目标，才能激发你心中的力量，但是，如果目标距离我们太远，我们可能会因为长时间没有实现目标而气馁，甚至会因此变得自卑。

在现实中，许多人做事之所以会半途而废，往往不是因为难度较大，而是因为觉得距离成功太远。确切地说，他不是因为失败而放弃，而是因为倦怠而失败。所以我们实现大目标的最好方法，就是在大目标下分出层次，分步实现大目标。如果能够沉下心来，尽力完成每一个阶段目标，那么最终的胜利就会触手可得。

要达成大目标，不妨先设定并完成小目标，这样会更容易达成目的。把一个大目标分成几个小目标依次攻克，听起来是件再简单不过的事情，可是这件事背后却蕴藏着无穷无尽的智慧。这么做所需要的毅力和踏实并不是每个人都能做到的。所以，当你沉住气、静下心，充满自信地完成一个个小目标时，成功就在伸手可触的不远处等着你。

换而言之，人生的成功离不开不断地重复和积累。大多数人因为没有耐心，沉不住气，失去了成功的机会。少数成功人士能够在平凡中崛起，在淡泊中孕育卓越，甚至一些看起来不可能成功的人，只要能坚持下去，能平心静气地重复积累小的成功，也能取得最后的成功。

我们在人生路上奔波，心中都有一个明确或者模糊的目标。很多时候，并不是因为我们本身没有能达成目标的能力而失败，而是因为几经努力依然看不到希望而放弃。如果我们都能将那个大目标分解为几个可达成的小目标，沉住气，一个小目标一个小目标地去攻克，或许就不会留下什么遗憾了。

不要迷失自己的目标，每次只把精力集中在面前的小目标上，这样，遥不可及的大目标便在眼前了。我们不必想以后的事，不必想一月、甚至一年之后的事，只要想着今天我要做些什么，明天我该做些什么，然后努力去完成，把手头的事办好了，成功的喜悦就会慢慢浸润我们的生命。

重要的不是你拥有什么，而是你做了什么

“纸上得来终觉浅，绝知此事要躬行”，这句古诗也许正埋藏在你的记忆深处，不过谁会意识到它散发出来的光芒？说与做、言与行何者更重要，何者需要先行？这样的问题不知道你是否拥有自己的答案。但显而易见的是，多说不如多做，凡事先干起来总是有好处的。与其在等待中枯萎，不如在行动中绽放。

很多人认为第一个吃螃蟹的人不是勇敢而是莽撞，他们却没有想到正是因为有第一个吃螃蟹的人，才使得人们了解到螃蟹的美味。当你的头脑中有想法时，不妨试着将想法变为现实，也许你会因此多一个成功的机遇。

凡事先做一定存在着各种各样的风险，然而先做并不是让你不经思考一味求结果。相反，在做之前一定要沉下心来思量做的利弊，分析做的可行性。凡是先做的前提是要沉住气。如果遇到事情，只懂得逃避和一味地退缩，你终归会碌碌无为。

想在前面、做在前面正是一个人敢想敢做的体现，在工作上如此，在人生大的抉择上也应如此，这都是在书写自己的人生。老天更偏爱于那些有了想法衡量之后敢于实践的人。其实人生就像是一部小说，你的所作所为可能为这部小说埋下了很多伏笔，不知道哪一天，曾经的伏笔就会成为故事的主线。

每个人都有属于自己的一个位置，谁都想出人头地，谁都渴望能够过上高质量的生活。成功的机遇与其说掌握在别人手中，不如说掌握在自己手里。当你的表现、你的作为、你的付出远远大于别人时，你取得的成就自然也远高于别人。重点就在于你要将事情做在前面，而不是等待命运推动你去做。

无论你的想法是前人留下的经验，还是自己的感悟，一旦得到这个想法不妨就去实践一下。一百张空头支票也比不上实际行动，空想是不会有任何收获的。要想成功，不仅仅需要信心、勇气、耐力、聪明才智，更需要踏实肯干，将想法付诸实践。只有做过，才知道自己是否能够成功。

第四章

理想与现实的距离，就是奋斗要弥补的差距

活鱼折腾跃过龙门，咸鱼安静翻不了身

我们很多人看得到成功者的光鲜艳丽、意气风发，我们用羡慕的眼光加以膜拜却忘了思考他们成功的原因，又或是用不屑的眼光上下打量认为他们只是“成功侥幸者”。我们从来就看不到他们成功的背后是用辛勤的汗水和不懈的努力换来的。

“先天下之忧而忧，后天下之乐而乐”，以国家为己任的北宋名臣范仲淹是一位杰出的政治家、文学家。他从小就十分勤奋刻苦，为了做到心无旁骛、一心专注于读书，范仲淹到附近长白山上的醴泉寺寄宿苦读，对于各类儒家经典是终日吟诵不止，不曾有片刻松弛懈怠。

“成由勤俭败由奢”，这时候的范仲淹家境并不是很差，但

为了勤奋治学，范仲淹勤俭以明志，每天煮好一锅粥，等凉了以后把这锅粥划成若干块，然后把咸菜切成碎末，粥块就着咸菜吃即是一日三餐。这种勤奋刻苦的治学生活差不多持续了三年，附近的书籍已渐渐不能满足范仲淹日益强大的求知欲了。于是范仲淹在家中收拾了几样简单的衣物，佩上琴剑，毅然辞别母亲，踏上了求学之路。

成功都是用勤奋跑出来的，想不劳而获，那个守着木桩的“待兔人”就是前车之鉴。

勤劳是疾病与悲惨的治疗秘方

许多年轻人在遭遇挫折与失败后，环视身边周围一切，想到自己没有贵人提携相助，身无长物，没有资金傍身，运气也不站在自己这一边，相伴的只有接踵而至的苦难，看自己形影相吊、孑然一身，不禁黯然神伤，自怨自艾、自哀自怜一番，然后在孤独的夜里独自舔舐那苦难留下的伤口。他们喜欢做这样的自我怜惜，甚至是享受。然后就这样一直在苦难中堕落下去，从没想过要振奋起来。然而“生活不是林黛玉，并不会因为忧伤而风情万种”。

悔恨与悲伤对眼前的境况不能起到任何的改善作用，反而会让人堕入其中，从而丧失了前进的动力，然后浑浑噩噩以终日。要想取得成功、获得幸福生活，勤劳的双手才是保障。只要我们拥有勤奋的精神，就能击败苦难，赢得成功。

我们要取得成功、获得幸福生活，顾影自怜是不会达到效果的，只有今天用自已辛勤的双手才能缔造幸福的明天。所以，面对悲惨的现实，不要沉浸堕落其中，行动起来吧，用辛勤的行动去撕破悲伤交织的网。

面对苦难，只会自哀自怜是没有任何用处的，勤劳才是治疗疾病与悲惨的最佳秘方。

天下事以难而废者十之一，以惰而废者十之九

萧伯纳说："懒惰就像一把锁，锁住了知识的仓库，使你的智力变得匮乏。"懒惰就像是一种精神腐蚀剂，使人变得萎靡不振。懒惰的人好逸恶劳，即便是力所能及的事情也不愿意动手去做，妄图坐享其成。能力是修炼出来的，凡事都袖手旁观，自身的能力就会退化。

颜之推在《颜氏家训》中告诫自己的子孙说："天下事以难而废者十之一，以惰而废者十之九。""天下无难事，只怕有心人"，勤奋用心的人不会因为事情的艰难而放弃成功的希望；懒惰才是失败的主要原因，因为懒惰会让人的智力变得贫乏，能力变得平庸。

好逸恶劳乃是万恶之源，懒惰会吞噬一个人的心灵。对于任何一个人来说，懒惰都是一种堕落的、具有毁灭性的腐蚀剂。比尔·盖茨说："懒惰、好逸恶劳乃是万恶之源，懒惰会吞噬一个人的心灵，就像灰尘可以使铁生锈一样，懒惰可以轻而易举地毁

掉一个人，乃至一个民族。”

一旦染上了懒惰的习性，就等于为自己掘下了坟墓。毫无疑问，懒惰者是不能成大事的，因为懒惰的人总是贪图安逸，遇到一点儿风险就裹足不前；而且生性懒惰的人还缺乏吃苦实干的精神，总想吃天上掉下来的馅饼。这种人不可能在社会生活中成为成功者，他们永远是失败者。

人们总有不劳而获的思想，克服懒惰才能免于毁灭，而付出辛勤的劳动是唯一的方法。英国哲学家穆勒这样认为：“无论王侯、贵族、君主，还是普通市民都具有这个特点，人们总想尽力享受劳动成果，却不愿从事艰苦的劳动。懒惰、好逸恶劳这种本性是如此的根深蒂固、普遍存在，以至于人们为这种本性所驱使，往往不惜毁灭其他的民族，乃至整个社会。为了维持社会的和谐、统一，往往需要一种强制力量来迫使人们克服懒惰这一习性，从而不断地劳动。”

对付懒惰，辛勤的劳动才是克敌之道。确实，一心想拥有某种东西，却害怕或不敢或不愿意付出相应的劳动，这是懦夫的表现。无论多么美好的东西，人们只有付出相应的劳动和汗水，才能懂得这美好的东西是多么来之不易，因而愈加珍惜它，人们才能从这种拥有中享受到快乐和幸福，这是一条万古不变的原则。即使是一份悠闲，如果不是通过自己的努力而得来的，那么这份悠闲也并不甜美。不是用自己的劳动和汗水换来的东西，你没有为它付出代价，你就不配享用它。生活就是劳动，劳动就是生活，懒惰将会使人误入失败的深渊。懒惰会使人陷入毁败的境地，只有辛勤的劳动才能创造生活，给人们带来幸福和欢乐。

任何人只要劳动，就必然要耗费体力和精力，劳动也可能会使人们精疲力竭，但它绝对不会像懒惰一样使人精神空虚、精神沮丧、万念俱灰。马歇尔·霍尔博士认为：“没有什么比无所事事、空虚无聊更为有害的了。”那些终日游手好闲、无所事事的人体会不到劳动的快乐，他们的思想是空虚的、生活是单调的，因为天底下最无聊的事情就是无所事事。

与众不同的背后，是日复一日的勤勉

“雄鹰可以到达金字塔的塔尖，蜗牛同样也可以。”雄鹰的资质极佳、得天独厚，要达到金字塔的顶点当然比资质平庸的蜗牛容易得多。但这并不意味着鹰不需要勤奋努力、艰苦磨炼就能轻易做到，须知道在华丽的飞翔背后，是一个何等残酷的磨炼。

据说，当一只幼鹰出生后，不待几天就要接受母鹰的训练。在母鹰的帮助下，成百上千次训练后的幼鹰就能独自飞翔。如果你认为这样就可以的话那就错了，事情远没有这么简单，这只是第一步。接着母鹰会把幼鹰带到高处悬崖上，把它们摔下去，许多幼鹰因为胆怯而被母鹰活活摔死，但没有经过这样的尝试是无法翱翔蓝天的。通过两关训练的幼鹰接下来面临的是最为关键、最为艰难的考验。幼鹰那正在成长的翅膀会被母鹰折断大部分骨骼，并且会再次被从高处推下，能在此处忍住痛苦振翅而起的才算拥有蓝天。

诚然，世界上没有两个完全一样的人，人与人之间充满了差异，有的人资质好，而有的人却要显得平庸得多。我们资质差，但这并不妨碍我们用辛勤的脚步走向成功。

“勤能补拙是良训，一分辛苦一分才”，只要付出，相信总会有回报的。

雄鹰资质再好，如果不去搏击风雨，退化的羽翼反而成为负担；蜗牛再慢，只要勤奋努力，一步步也能爬上金字塔的顶点。

耐心地做好每一次重复

“业精于勤荒于嬉”，技艺的精巧是通过不断反复勤奋地练习修来的。要做到勤奋确实非常不容易，因为反复地做同一件事情，对我们来说实在太枯燥了，但是我们应该要耐心地做好。只要努力地做好每一次重复，相信终会大有所成。

要想写好字，就必须反复不断地重复着“点、横、竖、撇、捺、钩……”的练习，从古至今的大书法家钟繇、王羲之、王献之、褚遂良、智永、怀素等，未尝不是如此。

大书法家无一不是经过勤学苦练、耐心完成一次又一次地重复才终有所成的。其他的技艺不同样要求如此吗？纪昌射箭、文王演周易、伯牙水禽操、达·芬奇画蛋，等等，都是耐心完成一次次的重复才取得成功的。

有的人因为不断重复带来的枯燥而厌烦，有的人却因为稍微取得了一些成就就不再重复下去，甚至有的人一开始就自命不凡、等闲地对待这简单的重复。这样的人能取得大的成就？当然很难。因此务必静下心来，耐心对待每一次重复。

从零开始，脚踏实地才能跳得更高

许多成功的人，都有一个共同的特点：即从零开始，脚踏实地。成功虽然有捷径，但是成功的路只能靠自己一步一步踏踏实实地走。

李嘉诚说："不脚踏实地的人，是一定要当心的。假如一个年轻人不脚踏实地，我们使用他就会非常小心。你造一座大厦，如果地基打不好，上面再牢固，也是要倒塌的。"

"不以善小而不为"，职场人不要小看自己所做的每一件事，即便是最普通的，也应该脚踏实地去完成。小任务顺利完成，有利于你对大任务的成功把握。一步一个脚印地向上攀登，便不会轻易跌落，通过工作获得真正力量的秘诀也就蕴藏其中。而这种力量会成为自己成功的"资本"。

不积跬步无以至千里，不积小流无以成江海。想要成就一份功业，就需要付出坚强的心力和耐性，你想坐收渔利，也只能是白日做梦。你想凭侥幸靠运气夺取丰硕的果实，运气永远不会光顾你。

从现在开始干，而不是站着看

一个生动而强烈的意象突然闪入脑际，使作家生出一种不可阻遏的冲动——想提起笔来，将其记录下来。但那时他有些不方便，所以没有立刻就写。那个意象不断地在他脑海中活跃、催促，然而他最终没有行动，后来那意象逐渐模糊、暗淡了，直至完全消失！

不管是什么事情，最好的行动时机就是现在。今天的想法就由今天来决断，因为明天还有明天的事情、想法和愿望。但是，生活中就有那么一些人，在做事的过程中养成了拖延的习惯，今天的事情不做完，非得留到以后去做。其实，把今日的事情拖到明日去做，是不划算的。有些事情当初做会感到快乐、有趣，如果拖延几个星期再去做，便会感到痛苦、艰辛。而且，时下的经济形势也不容许我们做事拖沓，如果我们把一切事情都拖到明天来完成，那么很快我们就会在工作中被淘汰。

常常会有这样的时候：我们深陷在对昨天伤心往事的懊悔中，期待明天会有不一样的艳阳高照，却独独忽视了今天的存在。“将来我要做政府高官，改变大多数人的生活”“将来的发明肯定能解决现在争论不休的问题”“将来我会成为世界上最富有的人”……对年轻的我们来说，我们除了现在、此刻，一无所有。你以为明天还会和今天一样，但有时候频繁的自然灾害等也给我们小小的提醒：明天并不一定会到来。

时间并不能像金钱一样让我们随意储存起来，以备不时之需。我们所能使用的只有被给予的那一瞬间——此刻。所谓“今日”，正是“昨日”计划中的“明日”；而这个宝贵的“今日”，不久将消失到遥远的彼方。对于我们每个人来讲，得以生存的只有此刻——过去早已逝去，而未来尚未来临。昨天，是张作废的支票；明天，是尚未兑现的期票；只有今天，才是现金，具有流通的价值。所以，不要老是惦记明天的事，也不要总是懊悔昨天发生的事，把你的精神集中在今天。对于远方将要发生的事，我们无能为力。杞人忧天，对于事情毫无帮助。所以记住：你现在就生活在此处此地，而不是遥远的地方。

如果你感到不安、恐惧，过多的思考只能增加你的这种不安感。行动起来，你会发现原来并没有什么可怕的。但又有人问：何时行动是最好的呢？回答就是现在！现在就行动！

其实，人不仅要在现在行动，也只能选择在现在行动。

一个人不可能丧失过去和未来，一个人没有的东西，有什么人能从他那里夺走呢？唯一能从人那里夺走的只是现在。任何人失去的不是什么别的生活，而只是他现在所过的生活；任何人所过的也不是什么别的生活，而只是他现在所过的生活。最长的和最短的生命就如此成为同一。

生活中常有这种事情：来到眼前的往往轻易放过，远在天边的却又苦苦追求；占有它时感到平淡无味，失去它时方觉可贵。可悲的是，这种事情经常发生，我们却依然觊觎那些“得不到”

的，跌入这种“得不到的总是最好的”的陷阱中，从而遗失了我们身边的宝贝。

让我们重温《钢铁是怎样炼成的》当中那段名言：“人最宝贵的东西是生命，生命对于人只有一次。一个人的生命是应该这样度过的：当他回首往事的时候，他不会因虚度年华而悔恨，也不会因碌碌无为而羞耻。这样在临死的时候，他才能够说：‘我的生命和全部的经历，都献给世界上最壮丽的事业——为人类的解放而斗争。’”

我们也许可以不必在乎周围的一切，但是必须珍惜现在拥有的一切，好的、不好的；令人欢喜的，令人忧愁的。少些许遗憾，多几分坦然，即使有朝一日你将失去，那么你也会无怨无悔地说：我曾珍惜了我所拥有的。

抓住了“此刻”，就是给自己一个良好的重新开始的机会。而之后的每一个“此刻”你都能抓住；放弃了现在，就像倒下了一个多米诺骨牌，之后的无数个“现在”也会被卷进来耗损掉。20多岁的男人，好好把握现在吧！

第五章

生活就像飞翔，需要你给灵魂一对向上的翅膀

浮躁，是成功路上的绊马索

急于求成、急功近利是人的本性，做事情老是求快，就会追求了速度，却忘记了质量。浮躁的人就有这样的缺点，他们希望成功，也渴望成功，但在如何获得成功的心态上，却显得比常人更为急躁。

很多人虽然充满梦想，但他们不懂得如何为自己规划人生，不懂得梦想只有在脚踏实地的工作中才能得以实现。因此，面对纷繁复杂的社会，他们往往会产生浮躁的情绪。在浮躁情绪的影响下，他们常常抱怨自己的“文韬武略”无从施展，抱怨没有善于识才的伯乐。

生活中，很多人因为不懂得坚持忍耐，只想着一蹴而就。这样的人，自然是无法触摸到成功的臂膀的。

许多浮躁的人都曾经有过梦想，却始终壮志未酬，最后只剩下遗憾和牢骚，他们把这归因于缺少机会。实际上，生活和工作中到处充满着机会：学校中的每一堂课都是一个机会；每次考试都是生命中的一个机会；报纸中的每一篇文章都是一个机会；每个客户都是一个机会；每次训诫都是一个机会；每笔生意都是一个机会。这些机会带来教养、带来勇敢，培养品德，制造朋友。

脚踏实地的耕耘者在平凡的工作中创造了机会，抓住了机会，实现了自己的梦想；而不愿俯视手中工作，嫌其琐碎平凡的人，在焦虑的等待机会中，度过了并不愉快的一生。

人生之路分阶段，到啥阶段唱啥歌

知名企业家李开复在自己的创业论坛中曾表示：成功很大程度是要顺应现实，要在正确的时候做正确的事情。李开复的这番感言可谓是对时下很多年轻人最实在的忠告。

近年来，网络上充斥着80后的“普遍焦虑”：最年长的一批80后早已迈入而立之年，他们感叹自己前途渺茫，悲哀自己竟成了“房奴”“卡奴”等新一代被剥削阶层，自嘲是“最不幸的一代”。他们从消费者转变为生产者，由聚光灯下的绝对主角转变为荧幕前的观众——身处这个人生阶段，压力自然倍感沉重。因而，80后的不满是可以理解的，其言论也恰好印证了80后的社会转型。

然而他们不应忘记，每一代人的人生轨迹上，都是存在不同阶段的。如今的80后，与他们的前辈乃至后辈一样，无论生于哪个时代，到了而立之年，都必须勇敢地扛起家庭与社会的重担，都必须走过这从懵懂到稳重、从依赖他人到自力更生的一段路。虽然世事变迁，眼下的具体矛盾与老一辈的时代已有很大不同，但面对人生的方法是不会改变的："阳光总在风雨后"，"不经历风雨，怎么见彩虹"——歌词如此浅白，却也恰恰是最为实在的真理。

人们常常把人生划分为少年、成年与老年：少年时代是艺术，天马行空，无拘无束，创作自己的梦想；成人之年是工程，步步为营，稳扎稳打，建筑自己的事业；垂暮之年是历史，心怀万物，气定神闲，翻阅自己的过往。可见，无论从哪个角度审视，人生都是有其发展轨道的，没有哪一个阶段可以回避，也没有哪一个阶段能够飞越。

所以，社会规律无法改变——正是在这一转型期当中，人们得以从少年发展成青年，从稚拙走向成熟：在此期间，人们的经验与人脉得到了有效积累，社会现实被更好地认识与把握，人们自身，也得到了更为充分的调整。

因此，无论是哪个年代的人，无论处于人生的哪个阶段，人所经历的一切都是生命中不可或缺的组成部分。对于它们，我们应当勇敢正视，我们应当积极体验，不能急功近利，而是应该到什么山唱什么歌，到什么阶段就要有什么追求：年轻的时候，要用自己那股单纯与执着的力量，努力学习、奋发进取、不断拼搏；到了成年，要以老练成熟的眼光看待一切，要着力开发自己潜在的发展空间、拓展自己的事业；到了老年，要懂得返璞归真，要注重个人修养，以一颗平和、安逸、祥和的心看待世间万物。

朋友们，不管你是转型期的“80后”中的一员，还是才华横溢的少年、历练丰富的中年，请不要抱怨人生的低谷，也不要做一蹴而就的美梦，应换一种角度，静下心来，思考人生阶段的必要性，坦然接受当下的挑战，稳扎稳打，在正确的时间做正确的事。唯有这样，我们才能从容面对当下的得失与成败。

成功无捷径，总要慢慢地熬

成就事业要能忍受孤独、潜心静气。稳重是成大器不可或缺的必要条件，而浮躁则是走向失败的陷阱。

在现实生活中，不少人学习投机钻营的“成功哲学”，不扎扎实实努力，而是急功近利，投机取巧，这种态度势必会使工作大打折扣，久而久之，也必定会影响事业的进一步发展，所谓“机关算尽太聪明”，到头来，终是“聪明反被聪明误”。

庄子说：“虚静恬淡，寂寞无为者，天地之平，而道德之至也。”持重守静乃是抑制轻率躁动的根本。浮躁太甚，会扰乱我们的心境，蒙蔽我们的理智，所谓“言轻则招扰，行轻则招辜，貌轻则招辱，好轻则招淫”，轻忽浮躁是为人之忌。要想成就一番功业，还是该戒骄戒躁，脚踏实地，扎扎实实地积累与突破，这样才能在人生路上走得稳，并且走得远。

低姿态的进取方式常常能够取得出奇制胜的效果！老子认为：轻率就会丧失根基，浮躁妄动就会丧失主宰。

做人切忌浮躁、虚荣、好高骛远；而应沉下心来，守住内心的宁静，淡泊名利，踏实求进。我们无论在工作还是生活当中，都应该静下心来深入钻研，“见人所不能见，思人所不能思”，其结果也必然能成人所不能成之功。

做一个坚硬的鸡蛋，和未来死磕到底

要想实现梦想必须要行动，而行动必须要有恒心。只有既有行动又有恒心的人，才能成就伟业，才能完成目标。

可以这么说，世界上如果有一百个人的事业获得巨大的成功，那么，至少有一百条走向成功的不同道路。

诺贝尔一生共获专利发明权355项。他用自己的巨额财富创立的诺贝尔奖，被国际学术界视为一项崇高的荣誉。

诺贝尔成功的经历告诉我们：恒心是实现目标过程中不可缺少的条件，恒心与追求结合之后，便形成了无坚不摧的巨大力量。从诺贝尔的成功可以看出，干事业要经得起挫折，要有恒心和毅力，绝不能半途而废。做一件事坚持到底最重要，否则，就会在竞争中一事无成。社会竞争是持久力的竞争，有恒心和毅力的成功者往往成为笑到最后、笑得最好的人。

着急当将军的士兵不是好士兵

万事万物都有其自身发展规律，我们做的所有事情也有客观的规矩或限制，做事必须循序渐进，而不能急于求成。

生活中，许多人比别人要勤奋得多，努力得多，却总是希望“一口吃个胖子”，急于求成，结果由于急于求成而丧失了成功的机会。你越是急躁，在错误的思路中陷得就越深，也越难摆脱痛苦。当你过于急躁而寻求突破的时候，往往会迷失方向，跌跌撞撞，最后一事无成。不仅在生活中是这样，物理学上这样的现象也是普遍存在的。量变不积累到一定程度就不会有质的变化。

我们要想成功地完成一件事情，就要做好充分的准备，进行量的积累。我们想取得好的成绩，就要靠平时认真的学习与积累，这就是一分耕耘一分收获的道理。我们的人生经历也是从知之不多到知之较多，从知之较多到知之甚多的一个积累过程。既然事物的发展都是从量变开始的，为了推动事物的发展，我们做事情必须具有脚踏实地的精神。千里之行，始于足下；合抱之木，生于毫末；九层之台，起于垒土。要促成事物的质变，必须首先做好量变的积累工作。如果不愿做脚踏实地、埋头苦干的努力，而是急于求成、拔苗助长，或者急功近利、企求“侥幸”，是不可能取得成功的。

生活中有许多性格急躁的领导，做一件事情就恨不能马上做好。在公司里你时时可以听见他们怒气冲冲地咆哮：“效率！效率！”你时时可以看到他们跟在下属的后面，恨不能用鞭子赶着下属干活。现代社会崇尚效率至上，每一个人都应该追求效率，但是过分追求效率，就变成了急躁，就变成了冒进。他们忽视了一件事情，要想成功，仅有热情与吃苦耐劳是不够的，还需要缜密的思索，全面地分析，制订切实可行的计划，然后才能一步一步实施下去，直至成功。否则的话，跟那个拔苗助长的农夫又有什么区别呢?

“心想事成”是对一个人最无情的待遇

当人们感慨幸运与成功为什么常常光顾他人，而从自己身边绕路走开的时候，却很少思考：那些成功的人和自己有什么不同。

也许，我们每个人的心里都有一个执着的愿望，只是一不小心把它丢失在了时间的蹉跎里，让天下间最容易的事变成了最难的事。然而，天下事最难的不过十分之一，能做成的有十分之九。想成就大事业的人，只有用恒心来成就它，以坚韧不拔的毅力、百折不挠的精神、排除一切干扰的耐性，作为涵养恒心的要素，去实现人生的目标。

这个世界上，有一种人，寂寂无声，却恒心不变，只是默默地努力着，坚持到底，从不轻言放弃。耐性与恒心是实现梦想的过程中不可缺少的条件。耐性、恒心与追求结合之后，便形成了百折不挠的巨大力量。事业如此，德业亦如是。每个人的成长都是一个漫长而坚毅的过程。

俗话说“欲速则不达”。做人做事需忍耐，步步为营。凡是成大事者，都力戒“浮躁”二字。只有踏踏实实地行动才可开创成功的人生局面。

一位青年问著名的小提琴家格拉迪尼：“你用了多长时间学琴？”格拉迪尼回答：“20年，每天12小时。”也有人问基督教长老会著名牧师利曼·比彻为那篇关于“神的政府”的著名布道词，准备了多长时间，牧师回答：“大约40年。”

莎士比亚说过：“不应当急于求成，应当去熟悉自己的研究对象，锲而不舍，时间会成全一切。凡事开始最难，然而更难的是何以善终。”我们与大千世界相比，或许微不足道，不为人知。但是我们能够耐心地增长自己的学识和能力，当我们成熟的那一刻，将会有惊人的成就。

多一分煎熬，就多一分强大

如何才能成功，这恐怕是许多人每天都在思索的问题，尤其在当今这样急功近利的时代，我们每个人都不再满足于自己现有的一切，总希望成功能来得更迅速一些。可是，希望归希望，现实却有它自己的节奏，饭得一口一口吃才饱，成功得一点一滴积累才能获得。否则，你的成功也只能是“空中楼阁”。

从平凡到优秀再到卓越并不是一件多么神奇的事，你需要做的是，沉住气，每天进步一点点。只有每天不断进步与突破，才能摘取成功的桂冠。

“一口不能吃成胖子”,成功是不能速成的，制订一个计划，每次让自己提高“一厘米”，时间长了，必定会发生自我升值“核聚变”。如果你对自己的要求一次到顶，那么你便再也没有了缓步前进的空间。每次只把目标提高“一厘米”，就可以轻松上阵，从而让自己的成绩稳步提高。

为此，要始终保持一份平静、从容的心态，沉住气，步履稳健地走好人生的每一步，不虚度每一天，不放过每一天的繁忙，不原谅每一天的懒散，用“自胜者强”来勉励、监督和强迫自己，克服浮躁。不能懈怠，更不能糊弄自己，而是要用严于律己的人生态度和自强不息的可贵精神，走一条回归自然的光明大道。只要你能做到每天进步1%，终有一天你会赢来100%的辉煌。

先蛰伏，再成功

每个人都会有一段蛰伏的经历，在为成功而默默奋斗。在这个时候，你需要的不是浮躁和怨天尤人，而是耐心地做好你现在要做的事。

每个夏天，我们都能听到在高树繁叶之中蝉的清脆鸣叫。它们有透明的羽翼，在风中鸣叫得很惬意。其实，这些蝉一生中绝大部分岁月是在土中度过的，只是到生命的最后两三个月才破土而出。

人的生命历程其实也是这样，每一个希冀成功的人，也必须有长时间蛰伏地下的经历，好好磨炼自已，好好培养自已。

作为一名尚未成功的蛰伏者，你必须沉住气，耐心地做好你现在要做的事，脚踏实地前进。终有一天，成功会降临到你头上。沉住气并不是让自己始终处于低势，而是一种积累，一种沉淀，等待时机，不断地为自己积蓄力量，蓄势待发，一飞冲天。

饭要一口一口地吃，任何人都不可能“一步到位”，只能一步一个脚印地走下去，才能取得成功。人生中的每一步对于实现成功目标来说都很重要，任何事情的发展都需要一个逐步提升的阶段性过程，任何宏伟目标的实现都需要一个逐步积累的过程。尽心尽力、踏踏实实地工作，就能实现梦想。

生活中，我们要学会蛰伏，在磨炼和努力中耐心等待成功的到来。

在诱惑前止步，在寂寞中突破

人生的大部分时间都是在重复琐碎、单调和乏味的事，然而，往往这些乏味、无趣、寂寞的琐事，奠定了一个人成功的基础。所谓三百六十五行，行行出状元，说的就是即便在平凡的岗位上，只要树立正确的心态，能够承受寂寞，努力肯干，就一定在这个领域脱颖而出。

其实寂寞是最难克服的，成功的途中你可能遇到挫折、孤独，他人的嘲笑，这些东西只要你有一颗坚定的心就能战胜。然而，寂寞是在追求成功过程中最可怕的对手。它悄无声息地潜伏在你的身边，随时都可能乘虚而入，企图击溃你。不过，换而言之，承受寂寞的同时也是在等待成功。不断克服寂寞的时候，也就更靠近成功。

在成功来临之前，人都要冷清度日，承受无尽的寂寞。但当你换个想法，将这份寂寞视为人生给予的礼物，小心地接受保存，总有一天能换取更丰盛的财富。

当一个人对梦想有憧憬，对成功有渴望的时候，面对种种诱惑，有些人会难以忍受追求成功的寂寞，从而半途而废远离成功，但是，那些为了成功，为了达成目标忍受住寂寞，拒绝诱惑的人则会在成功的路上走得更远，获得更大的成就。人们都说忍得住寂寞，才守得住繁华。在成功人生获得的每一份掌声和鲜花背后，都有一颗对梦想执着、承受寂寞的心。

别着急，属于你的岁月都会给你

王国维在《人间词话》里说："古今之成大事业、大学问者，必经过三种境界：'昨夜西风凋碧树，独上高楼，望尽天涯路'，此第一境也；'衣带渐宽终不悔，为伊消得人憔悴'，此第二境也；'众里寻他千百度，蓦然回首，那人却在灯火阑珊处'，此第三境也。"第一境界"昨夜西风凋碧树，独上高楼，望尽天涯路"是说要有一颗甘于寂寞的心，甘于为事业献身；第二境界"衣带渐宽终不悔，为伊消得人憔悴"，在不断地追求中费心费力，倾注自己的心血；第三境界“众里寻他千百度，蓦然回首，那人却在灯火阑珊处”，在不断的追求和付出中最终能够靠努力的成果而成大业。

而在现实的社会中，这种甘于寂寞的人越来越少，快节奏的生活让人变得浮躁，为了眼前的小利而蠢蠢欲动，一味地追求所谓的利益，没有一颗能够坚持梦想的心，最后什么利益也没有得到，只是害了自己。

对于一个刚走上社会的人，最忌讳的是沉不住气。看到眼前的利益，就往往失去了对于自己能力的评估，也忘了自己踏踏实实学习的初衷。金钱并不是衡量成功的唯一标准，人生永远不忙的一件事是去挣钱，如果你学到足够的能力，不会缺少这些机会。如果只是看待仅有的小利，而放弃坚持和学习，是一件多么得不偿失的事情。工资有价，但是经验和能力无价，没有沉下心来的学习，是无法得到的，自视甚高的智力资本也在经验和能力前不值得一提。

现代社会中的每个人都在为自己的梦想而奋斗，这个过程是长期的且枯燥的，是需要一步一步的坚实的付出的，没有所谓的捷径。在实现的梦想中，面临着很多的诱惑，出现很多所谓的捷径，但是这些并不能让你去实现梦想，只能让你距离自己的梦想越来越远。真正实现梦想的过程是一个不断沉淀，不断积累，然后厚积薄发的过程。这个过程，容不下三心二意，容不下朝秦暮楚，只有敢于“独上高楼，望尽天涯路”甘于寂寞的心，沉浸在自己的梦想实现过程中，并为之有“衣带渐宽终不悔，为伊消得人憔悴”的努力，才能够收获“那人却在灯火阑珊处”的美景。

理想这条路上，谁不曾孤独

寂寞，很少有人会喜欢；耐得住寂寞，就更少有人能做到。

生活在喧闹的现代社会，越来越多的人渴望快速成功，希望早日证明自我价值。很少有人能耐得住寂寞了。有人说，耐得住寂寞，是人生的一大难题，但也是人生的一大境界。耐得住寂寞，是一种思考，是一份清醒，更是一份执着。

耐得住寂寞是当下一种可贵的品质，只有“耐得住寂寞，才能真正做到心态平衡，才能经受住成功和失败的各种考验。一个人只有耐得住寂寞，才能有大局意识，才能不计较个人一时得失，才能尽心尽力做好工作；反之，只想讨巧，不能吃亏，只能上，不能下，心浮气躁，敷衍了事，这样的人，经不起风浪，受不了挫折，难成大事，一定要有耐得住寂寞的优秀品质，只有这样，才能把工作做好。

要成功，就要耐得住寂寞，坐得住冷板凳。是金子总会发光，一时得不到重用，不代表永远得不到重用。工作中的地位和报酬都是和能力、贡献挂钩的，坐得冷板凳，静心做出一番业绩，自然能够得到丰厚的回报和发展机遇。

著名历史学家范文澜有句名言：“坐得冷板凳，吃得冷猪肉。”在历史上，如果哪一个文人道德高、学问精、成就大，死后牌位便可入文庙，置于边廊，有资格分享供奉孔圣人的冷猪肉吃。这就是所谓“二冷”精神。“二冷”是相辅相成的，古今中外，大凡有所成就的人，无不是具有“二冷”精神。冷板凳，对于弱者来说是绊脚石，对于强者来说却是垫脚石。只有长年累月地苦学苦研，甘于寂寞，坐得住“冷板凳”，才能出类拔萃，成果显赫。

第六章

你现在“拼”了，未来才有“比”的资格

这个世界，只以结果论英雄

大多数人最向往的一件事就是，能够有一条绝妙的计策在手中，把难以办成的事办成。是的，每个人做事都不一定顺手，有的会曲曲折折，费了九牛二虎之力，尚无好结果。当然也不排除，有些人神通广大，能力超强，一下就能做成事情。但前者毕竟是多数，后者必为少数。天下事都是人做出来的，什么样的想法，就可以导致什么样的行动，什么样的行动就可以引发什么样的结果。

做人办事靠脑子的人可能有一两件事暂时做不成，但最终总会做得大功告成，做到让左右人叹为观止。反之，有的人可能就会由着性子来，想到哪儿做到哪儿，不计后果，这种“莽汉式”做事方法多半是撞大运，成败均在老天爷的照顾与否。

所谓高明、有智慧的人，不过是具有较能精确掌握这种轨迹

能力的人。能够见人所未见，并且能够创造形势，以利于自己的未来与期望。而平凡人之所以为平凡人，就是因为对于轨迹充满片断之见，或者常常错误联结，以至于很少能“漂亮”演出，做出“精彩”判断，沦为“智慧”舞台的观众。

大人物做大人物的事，平凡人走平凡人的路。人世间的是是非非、因因果果，尽管错综复杂，却也不是毫无轨迹可寻。如果愿意费心体察，或许就容易看得见它的细微之处，或者是隐而未发的轨迹；而掌握得愈深入、愈贴近，也必然更有趋吉避凶或主宰未来的能力与机会。机遇不会每天都会幸运地光顾你，做大事，还是要靠潜心谋算的。

做他人不做，想他人不想

优秀的人需要勇气，需要胆识，需要气魄，需要开拓进取，去做别人不敢做的事。这胆识是一种大智大勇，有了它我们才可以力挽狂澜。

与众不同的胆识是抓住机遇、扭转乾坤的最大财富。在危难的时候，是胆识让人坚定、明智地做出别人不敢做的决定。它不是鲁莽和自负，而是胸有成竹的胆识。有位法国哲学家曾经提出这样一个例证：假定有一匹驴子站在两堆同样大、同样远的干草之间，如果它不能决定应该先吃哪堆干草，它就会饿死在两堆干草之间。

事实上，现实生活中的驴子是绝对不会在这样的情境中饿死的，它会很快地做出决定。但是，你又不得不承认真有那么些人，在需要他们出主意、想办法、作决定的时候，却像例证中的驴子那样束手无策，窘迫得进退两难。

在人生旅途中，有许多事需要我们做出决策。

遇事当断则断，当行则行，当止则止，在复杂环境和逆境中能及时做出各种应变和决策，决不含糊和拖泥带水，这是一个能应付命运挑战的人必备的心理品质。

胆识，是理性的创造，合乎规律的举动。

胆识过人，才产生惊人的效益，开拓骄人的新局面。

狭路相逢勇者胜

人生途中，我们要在别人只是畏惧地逃避，或幸灾乐祸地观看时，能够拿出罕有的勇气，为了善，为了爱，也为启迪和震撼那些冷漠的心灵。

现实世界的很多斗争都是勇气的较量，常常是勇者得胜。只有具备一颗勇敢的心，我们才能发挥出超过平时双倍的力量，什么都不顾地冲向前方，甚至一鼓作气地到达终点。这就是为什么人们在危急时刻才能爆发出巨大潜力的原因。

面对敌人一定要勇敢，你强他就弱，你弱他就强，很多时候，敌对双方的较量其实就是心理上的较量。缺乏勇敢永远不会有大的成就。勇敢面对你的敌人，有时你发现其实你并不懦弱，而且还会有超出你想象的强大力量。正如歌德老人所说：你若失去了财产，你只失去了一点；你若失去了荣誉，你就丢掉了许多；你若失掉了勇敢，你就把一切都失掉了！如果你想得到，一定具有勇敢地面对困难的态度。狭路相逢勇者胜，为了胜利一定要保持勇敢。

理性的勇敢才是最值得称道的勇敢

勇敢的定义只有一个，但勇敢的表现却可能多种多样。

在我们这个世界上，就勇敢而言，绝对执行命令的勇敢多而敢于抗拒执行荒唐的命令的勇敢少。这是因为权力者一般都竭力提倡、培养、制造绝对的执行这种勇敢，而对敢于抗拒自己荒唐命令的勇敢深恶而痛绝，即便他发现自己的荒唐以后，对那些敢于抗拒自己荒唐的勇敢者也决不宽恕。以至有些明明是错误的东西，是荒谬的东西，是反科学的东西，是违法违纪的东西，因为是权力者指使，因为有权力者撑腰，有的人也敢勇敢地去执行，勇敢地去做。

勇敢是一个褒义词，它所体现的是一种好品德。人们教育孩子就要做勇敢的好孩子。但勇敢确实又还有一个是与非的前提。勇敢不是盲从，不分是非的、没有理性的绝对执行命令的勇敢是一种可怕的勇敢，也是一种愚蠢的勇敢，更是一种专制者欣赏和欢迎的勇敢。而坚持真理、敢于同谬误、同荒唐、同发疯对抗的勇敢、理性的勇敢才是最值得称道的勇敢。

努力必须张扬，人生才有锋芒

古人所言“沉默是金”的年代，早已一去不复返，现代人如果不懂适时地包装好自己的形象，把握机会推销自己，就很难有出人头地的机会。

我们常说沉默是金，但也不能忘了，沉默同时也是埋没天才的沙土。

或许在某种特殊的场合下，沉默谦逊确实是一种“此时无声胜有声”的制胜利器，但无论如何你也不要把它处处当作金科玉律来信奉。在人才竞争中，你要将沉默、踏实、肯干、谦逊的美德和善于表现自己结合起来，才能更好地让别人赏识你。

记住：再好的酒也怕巷子深。如果想在现代社会谋得一席之地，除了自己努力之外，还要把握机会适时展现自己的优点。

现在是一个讲究张扬自己个性的时代，尤其是身处职场上的人们，在关键时刻恰当地张扬也就是“秀”（show）一下，不失为一个引起领导注意的好办法。

在竞争的世界里，愿你昂首挺胸

80%的收获，来自于20%的付出；80%的结果，归结于20%的原因。如果我们能够知道，产生80%收获的，究竟是哪20%的关键付出，那么我们就能事半功倍了。

人们做什么事总是有所选择的，这个选择的过程，也是决策的过程。大家常说“拿得起，放得下”，表现一种姿态，一种决断，讲的也是这个意思。

戴文华威廉·詹姆斯说过：“明智的艺术就是清醒地知道该忽略什么的艺术。”不要被不重要的人和事过多打搅，因为成功的秘诀就是抓住目标不放，而不是把时间浪费在无谓的牺牲上。

一个比较明智的生活方式，就是决定哪些战斗值得投入，哪些最好回避。

卡尔森曾忠告美国年轻人：明智地选择你的战斗，要想获得成功，这句话十分重要。在人的一生中充满了机会，每个人都可以选择小题大做，也可以一笑置之，甚至不必在意。但是你明智地选择你的战斗，在有些时候是决定一生成败的关键。

人生没有绝对的安稳，终有一天你会奋不顾身

社会心理学家曾经做过一个关于骑自行车的有趣的实验，得到了这样的实验结果：单独一个人骑车时，平均时速为25公里；有人跑步伴随时，平均时速为31公里；和其他人骑车竞赛时，时速为32.5公里。心理学家认为，造成这种巨大差距的原因，就是他人的存在导致了竞争，因竞争而提高了效率。

竞争可以激发一个人的潜能和创造力。

竞争有利于我们激发精神力量，所以我们应该培养一种竞争意识，用积极的心态去面对竞争。

竞争在很多方面都是有益的，市场经济的核心内容就是竞

争，这是世人皆知的道理。世界级的大企业家，无一不具有强烈的竞争意识。比尔·盖茨具有赛车手的竞争心态，新闻电视网之父特纳是一个“百折不挠的竞争者”。索尼公司的创始人盛田昭夫说：“尽管竞争有一些较为黑暗的东西，但在我看来，它是工业和工业技术发展的关键。”可见，竞争意识是成功人士的特质之一，也是创业者应必备的素质之一。天才人物不是天生的强者，他们的竞争意识并非与生俱来，而是在后天的奋斗中逐渐形成的。通过学习，你也能有胆有识，敢于竞争。有时候，向任何人学习都不如向对手学习更有效，也更有益。

在我们的工作和生活中，当我们为了某一项事业而拼搏的时候，一定会遇到各种各样的竞争。对于竞争，虽然有其残酷的一面，但我们更应该看到它积极的一面，将竞争化为动力。列宁曾经这样评价竞争的积极面：“在相当广阔的范围内，竞争可以培植人的进取心、毅力、大胆和首创精神。”一份研究资料表明，一年中不患一次感冒的人，得癌症的概率是经常患感冒者的6倍。一粒沙子嵌入蚌的体内后，它将分泌出一种物质来疗伤，时间长了，便会逐渐长成一颗晶莹的珍珠。

因此我们实在没有理由拒绝竞争，而应该昂首相迎，即便是在没有竞争的环境下也要为自己找出几个对手，让竞争激发自己不断前进。

可以苦可以哭，但是不可以认输

一次拍卖会上，有大批的脚踏车出售。当第一辆脚踏车开始竞拍时，站在最前面的一个不到12岁的男孩抢先出价：“5块钱。”可惜，这辆车被出价更高的人买走了。稍后，另一辆脚踏车开拍。这位小男孩又出价5块钱。接下来，他每次都出这个价，而且不再加价。不过，5块钱的确太少了。那些脚踏车都卖到35或40块钱，有的甚至卖到100块以上。暂停休息时，拍卖员问小男孩为什么不出较高价竞争。小男孩说，他只有5块钱。拍卖继续，小男孩还是给每辆脚踏车出5块钱。他的这一举动引起了在场所有人的注意。人们交头接耳地议论着这个小男孩。经过漫长的一个半小时后，拍卖快要结束了，只剩下最后一辆脚踏车，而且是非常棒的一辆，车身光鲜亮丽，令小男孩怦然心动。拍卖员问：“有谁出价吗？”这时，小男孩依然抢先出价说：“5块钱。”拍卖员停止唱价，静静地站在那里。观众也默不作声，没有人举手喊价。静待片刻后，拍卖员高兴地说：“成交！5块钱卖给那个穿短裤白球鞋的小男孩。”观众纷纷鼓掌。小男孩脸上洋溢着幸福的笑容，拿出握在汗湿的手心里揉皱了的5块钱，买下了那辆无疑是世界上最漂亮的脚踏车。

在场所有的人一致认为，这辆车无疑属于这位小男孩。小男孩以其执着的精神，积极地争取，终于如愿以偿。人生正是如此，只要我们不断地积极争取，成功离我们也就不远了。

在工作中，我们都会遇到很多的不如意，职位太低，认为成功遥遥无期。事实上，成功是靠我们自己争取的，放开手脚，爱拼才会赢。

苦只会苦一阵子，怕就会输一辈子

踏入社会的你也许在自己的工作岗位上遭遇了能力强劲的对手，你愤恨、不屑、嗤之以鼻，甚至嫉妒得抓狂。其实，对手所给予我们的，不仅仅是危机和斗争，同时还能激发我们求生和求胜之心的动力。

一种动物如果没有竞争对手，就会变得死气沉沉。同样，一个人如果没有对手，那他就会甘于平庸，养成惰性，最终庸碌无为。一个群体如果没有竞争对手，就会丧失活力，丧失生机。一个行业如果没有了对手，就会丧失进取的意志，就会因为安于现状而逐步走向衰亡。

请记住：对手所给予我们的，不仅仅是危机和斗争，同时还能激发我们求生和求胜之心的动力。所以，善待你的对手吧！因为他的存在，你的生命才会活得更精彩。

善待你的对手，千万别把他当成“敌人”，而应该把他当作你的一剂强心针，一部推进器，一个加力挡，一条警策鞭。对于在职场中奋斗的人来说，当你学会了感激、欣赏和帮助对手的时候，就是人格走向成熟的时候。欣赏、理解、包容自己的对手，看淡结果的得与失，那么你的心态也会平和、宁静和宽容。这样一来，在面对竞争对手的时候，你可以气定神闲地迎接挑战。胜利了，赢得辉煌；失败了，同样美丽。

康熙八岁继承皇位，先后面对鳌拜、吴三桂、郑经、葛尔丹等对手的虎视狼眈，是这些对手让康熙逐渐变强，从而建立了这不朽功勋。是的，我们要感谢对手，因为对手是我们的老师，竞争对手是我们需要激励自己拼尽全力去超越的目标。正是对手的存在，才使得我们的事业步步上升，才使得我们的头脑由妄自尊大变得沉着冷静，才使我们在凌空虚蹈的瞬间如梦初醒。正视对手，我们能够不断地校正方向，我们能够不停地向前方奔跑，我们能够不悔地抵达美好的未来。

尊敬和感谢对手，是他们给了我们奋发向前的动力。在人生之路上，对手既是我们的同行者，也是挑战者。是对手的挑战唤起了我们战斗的勇气和信心；对手的存在能够让我们看到自己的不足，能够让我们清楚地认识自己的长处和短处，能够激励我们不断地完善自己、超越自己。

不要因为恐惧，就选择了逃避

在人一生的奋斗中，会遇到各种各样的对手。有机智聪慧的、老谋深算的、心狠手辣的、厚颜无耻的……一个个非常棘手的狠角色，但毫无疑问，其中最难对付的一个就是自己。这个“对手”会用懦弱、懒惰、贪婪、恫吓、不思进取、悲观绝望、自命不凡等“武器”对你进行慢慢腐蚀或一举击溃，总之是软硬兼施、威逼利诱，而且这种威胁一直伴随到你生命的尽头。所以在与其他竞争对手进行搏斗时，别忘了时刻警惕自己，自己才是最大的竞争对手。

“最大的威胁还是来自我们自己”，这是马云经常说的一句话。他时刻警惕自己这个竞争对手不曾有过思想放松，所以时刻研究用户、研究自己，才有了阿里巴巴的日益强大。

2000年，华为公司的年销售额达220亿元，获利29亿元人民币，位居全国电子百强首位，可就在这个时候，华为公司的总裁任正非却写出了《华为的冬天》一文，跟员工们大谈华为的危机：“公司所有员工是否考虑过，如果有一天，公司销售额下滑、利润下滑甚至破产，我们怎么办？我们公司的太平时间太长了，在和平时期升的官太多了，这也许就是我们的灾难。泰坦尼克号也是在一片欢呼声中出的海。而且我相信，这一天一定会到来。面对这样的未来，我们怎样来处理，我们是否思考过……”

我们一旦战胜其他竞争对手，取得一点儿成绩以后就开始贪图享乐，作为对自己以往辛苦奋斗的慰劳。稍微犒劳自己一番，完全可以，但是我们绝对不能够麻痹大意、放松警惕，因为始终有一个强大的对手伴随着我们。

《围炉夜话》中说：“事当难处之时，只让退一步，便容易处矣；功到将成之候，若放松一着，便不能成矣。”当事情难以办到时，只要能够忍让一步，问题就容易解决。事情将要成功的时候，如果稍有松懈就会功亏一篑，难以成功。

因此我们要时刻警惕，与自己竞争是一场苦战，更是一场持久战。

第七章

如果你无所畏惧，世界会加倍赏你

你若输不起，如何赢得起？

什么是失败？

不同的人有截然不同的定义。在悲观者眼中，所谓失败，就是在追求梦想的道路上出局，从此一蹶不振，甘于平庸。而在乐观而坚韧的人看来，所谓失败，只是意味着自己仍在路上，目标仍在前方，还需继续努力。

其实，失败就像在成功的道路上绕了一点儿远路，或者在攀向山顶的过程中不小心摔倒。这些并不意味着我们不能走到目的地，也不意味着我们永远无法到达山顶。失败只是一个小插曲，它会让人生旅程变得更加丰富和精彩，让胜利与成功来得更有价值。

在失败面前，再坚持一次。失败本身并不是一件让人恐惧的事情，失败仅是人生道路上必然经历的一道风景，是人们铸就成功事业的基石。

我们需懂得，失败是通向成功的必经之路，人生中的许多经验和知识是无法从课堂上学到的，而失败和挫折给了人们补充知识和增长经验的机会。更多地超越失败，自己与成功的距离才会变得更近。

苦难，是上帝给你的挑战

纵观古今，那些名垂千古的成功人士大多因身处逆境有所感悟而美名远扬。且不说身受宫刑而撰《史记》的司马迁，也不说受了膑刑修《孙膑兵法》的孙膑，更不说被放逐之后做《离骚》的屈原，就连闻名于世的孔子也是因为身处逆境而发奋努力，成为圣贤的。这些人的经历足以说明逆境对人的影响是十分深刻的，逆境带给人的影响不仅仅是挫折和失败，还有促使人奋发向上的动力。

困难犹如纸老虎，欺软怕硬，那些身处逆境能坚守本我、继续努力的人最终能骄傲自豪地站在成功的巅峰。现如今，都市之中竞争激烈，城市以其包容性囊括了五花八门、千奇百怪的人生。有人一掷千金只为红颜一笑，有人却衣不蔽体、食不果腹。无论贫富，生活在这城市之中的人都不能忽视那些在大都市中奔波的“漂”一族，而“漂”一族中最为艰苦的要数“蚁族”。这群人蜗居在几平方米的屋子里，月收入所剩无几却依然不放弃成功的希望，他们可谓是处于逆境中的勇士。

我们都知道“天将降大任于斯人也，必先苦其心志，劳其筋骨，饿其体肤，空乏其身，行拂乱其所为，所以动心忍性，增益其所不能。”然而，又有几人能做到不屈服于逆境，拥有战胜困难的勇气呢？时间是最好的检验，当你身处逆境勇敢地面对时，才能看见成功的奖杯。

“我从来不曾有过幸运，将来也永远不指望幸运，我的最高原则是：对任何困难都绝不屈服！”这句话是居里夫人对世人的馈赠。不依靠幸运，不逃避困难，正直诚实地对待生活，勇敢地直面困境，最终就能取得成功。

逆境让人成长，逆境是最好的老师。逆境之中的人们，请不要彷徨，你们拥有最好的机遇。不要再让悲伤哀怨蒙蔽住你的双眼，不要再让不利的现状困住自己的手脚，你应该拼搏，应该奋斗，应该期待走出逆境后的辉煌。

年轻最大的资本就是经得起失败

不论你是刚步入社会还是已打拼多年，在成功路上奋斗的你有没有想过成功的秘诀是什么？英国前首相丘吉尔曾经给出过这个问题的答案，其实成功的秘诀十分简单，就是“绝不放弃”。无论在成功的路途中遇到的是挫折还是诱惑，你都不要轻易放弃心中的追求，要经得起失败。

不轻易放弃要求人要有坚定的意志，这既是解决问题达成目标的前提，也是一个人成功的重要基础。在那些困境面前，唯有意志坚定的人才能勇往直前。坚定的意志说来轻松，但对于每个人来说都是很难做到的一件事。尤其是年轻人，在他们眼中放弃往往是被动的。无论是梦想、感情还是工作际遇。人们总是找出各种各样的借口逃避，认为放弃只是无可奈何之举。殊不知，只要沉住气，哪怕再坚持一刻也许就能达成梦想。不过幸好，还可以从头再来，失败是成功的经验，是为成功做铺垫的。

失败也是一种别样的成功。对于年轻人来说更是这样。著名节目主持人杨澜曾经说过："年轻最大的资本就是经得起失败，也敢于去面对一切的困难。"如果你能直面难题，永不放弃，所谓的失败就是成功的垫脚石。没有谁的人生是一帆风顺的，想成功的人一定要经历失败这个过程，否则又怎么会理解成功的含义。如果因为一时的失败，就放弃心中的信念，那你一辈子只能待在失败者的阴影中，郁郁寡欢。人生的路上跌倒了，应再爬起来继续走，总会走到成功。

当然，并不是所有的失败都能铸就成功。失败了不仅要爬起来，更要思索失败的原因，对症下药，才能得到人生的真谛。对于年少轻狂的人来说，初入社会缺乏经验，没有人脉，没有钱，没有社会地位，也许会遇到各种各样的责难，然而最大的责难却来自于自身，在于自我抗争。

是什么让原一平取得辉煌的成就，其实是那些最平凡的字眼——恒心、毅力。这些最普通的字眼就是成功者的共同之处。

面试失败的原一平能够沉住气，不放弃，八个月没有订单的原一平也能沉住气，不放弃。相比之下，可能许多最初比他好的多的人最后也没有达成如他一样的成就，是因为什么？是因为其他人并没有把失败当作成功的资本之一，遇到一点点挫折就放弃了。

所谓成功，背后都有坚持不懈的精神和强大的决心支撑着，更是由数不清次数的失败奠定的。

不论你失败了多少次，总有一天你会成功。年轻人要经历一个坚持不懈努力的过程，才能锻造自己的精神，最终获得成功。正所谓“锲而舍之，朽木不折；锲而不舍，金石可镂”。经历了无数次的失败后，还能认真分析失败的原因继续摸索的人，一定能取得最后的成功。所以，年轻人一定要沉住气，不要惧怕失败，不要轻易言败，面对成功你最大的资本就是经得起失败的考验。

使人成熟的不是岁月，而是经历

人生在世，不如意事十之八九，在遇到挫折和困难的时候，只有沉得住气才能发得了力，才能激发出一个人最大的潜能。身处逆境，永远对生活充满希望，是对生命的尊重，更是发现你潜能的开始。

人的潜能是惊人的，很多时候，你认为承受不了的事，却往往能够不费气力地承受下来，你以前认为不可能做到的事却也做到了。相信你自己，你还在为即将到来或正发生在自己身上的不幸而担忧吗？其实，这些困难并不像你想象的那样可怕。只要你勇敢面对，总会挺过来的，等你经历了那些不幸以后，你就可以从不幸中找到幸运的种子了。

对生活充满希望的人，在遇到挫折的时候，总是能够沉住气，不妄自菲薄，能够以满腔热情投入到当下的工作中，这种积极的心态也有助于自身潜力的开发。永远不要听信那些习惯于消极悲观看问题的人，要保持积极乐观的心态。一定要记住你听到的充满力量的话语，因为所有你听到的或读到的话语都会影响你的行为。

永不对生活绝望，拥有积极的心态，是一个成功者必备的素质。乐观积极的心态，能够使人上进，能够激发人潜在的力量。潜能无时无刻不在，你的心态将是决定潜能发挥与否的一大关键因素，只要你保持积极心态，就能激发自己的无限潜能。无数成功人士的奋斗历程已经验证：成功是由那些抱有积极心态的人所取得，并由那些以积极的心态努力不懈的人所保持的。拥有积极的心态，即使遭遇困难，也可以获得帮助，事事顺心。

生活的每一个刁难，都是一种馈赠

“自古雄才多磨难，从来纨绔少伟男”，磨难只能吓住那些性格软弱的人。对于真正坚强的人来说，任何磨难都难以使他就范，相反，磨难越多、对手越强，他们的自我提升就越快，意志也越发的坚不可摧。

有一种英雄，无论哪种苦难、挫折，乃至于死亡，都不能剥夺他的骄傲与从容。一个人的生命是不可以被别人取走的，但他可以自己处置。

如果我们是一块不甘平庸的石头，就必须忍受折磨、痛苦，去经受挫折、困难和失败的雕琢，去掉生命中那些劣质、腐朽的东西，只留下精华，生命才会更加完美。如果我们不堪忍受折磨，怕被敲打，不剔除那些碎屑，天长日久，那些劣质的东西就会不断侵蚀我们，最终淹没精华，甚至损耗我们的生命。

生命，总是在各种各样的雕琢中茁壮成长的。人生道路上，每一次辉煌的背后都有一个凤凰涅槃的故事。世上没有笔直的路，人间没有不谢的花，磨难原本就是生命旅途中一道不可或缺的风景。事实就是这样，没有经过风雨的禾苗永远不能结出饱满的果实，这就是世界告诉我们的一个很简单的道理：一切事物要想变得更强，必须经历雕琢。

其实，不是每一块平凡的石头都可以被雕刻成丰碑的，就像不是每一只鹰都能够得以重生一样。但是，在雕刻人生的时候，不管能否树起一座丰碑，我们都必须尽心尽力地完成，带着对生命的期待与憧憬。就像苍鹰在重生时的奋斗，哪怕九死一生，也要有尊严地进行抗争。

俗话说，火石不经摩擦，就不会迸发出火花，同样，人若不遭遇挫折，生命就难以洋溢灿烂的光辉。正如巍峨的大树，其挺拔的身姿是在与狂风暴雨搏斗后磨砺出来的；精良的斧头，其锋利的斧刃是经铁匠千锤百炼打造出来的。因此，一个长在温室未经风雨的人，往往缺乏勇气、意志和魄力。

生命是自己的，想活得积极而有意义，就要耐得住考验，勇敢地接受各种挑战。面对困难不畏惧、不逃避，沉住气，坦然接受这种人生的历练，最终会得到更多。

痛苦的价值决定了你成功的上限

不知什么时候数字成了衡量一个人的标准，我们常常听到智商（IQ）、情商（EQ），却没有几个人留意到逆商（AQ）。逆商这一概念是由保罗·斯托尔茨提出来的，这个指数是用来衡量一个人身处逆境时的应对智力和应对能力。

说白了，其实逆商是用来判断一个人能否在逆境中坚持的一个指标。逆商指数低的人，面对一点点挫折就会大惊小怪，认为是命中注定自己倒霉。逆商指数高的人，则能在困境中积极寻找应对的方法以克服困难。

面对逆境，不同的人会选择不同的应对方式。有的人迎难而上，克服困难，有的人转身逃跑，希望能够逃避。有的人浅尝辄止，尝试一两次就放弃。

用沸水去煮胡萝卜，20分钟后无论多硬的胡萝卜也会变软。用沸水煮鸡蛋，20分钟后原本易碎的鸡蛋变得坚固，而用沸水煮咖啡，被磨出粉末的咖啡粉会把整壶水都变成美味的咖啡。其实人生就像是沸水一样，人就是要丢进去煮的东西，由于心境不同结果也不同。不论是跟人生妥协的胡萝卜，还是愈挫愈勇的鸡蛋，抑或把人生都转变的咖啡，总要去面对，去选择。

最后，你取得的结果就取决于你的逆商指数。逆商决定了你面对困难时是会被吓哭逃跑，还是最终战胜它。

人总是抱怨为什么人生之路不能一帆风顺，为什么想要获得成功总要付出非人的代价，却没有想到，不付出是永远不会有回报的。正是逆境打磨了一个人的意志，促使人进步和成长，正是逆境让人感悟到了成功和幸福。

如何能够提高自己的逆商指数，如何才能获得战胜困难的勇气？这个问题许多人思索过，答案也并不唯一，但这答案之中一定包括积极乐观的心态和沉住气、不屈不挠的精神。保持着乐观心态去面对挫折，坚持努力，这就是提升逆商的途径之一。

不怕失败，乐观向上的心态是逆商评判的标准之一。逆商并不是平白增加的，也不是虚无缥缈的东西，它可以通过对心境的不断锤炼而增加。

想提升自己的逆商指数，就要学会保持一颗积极乐观的心，要懂得坚持不懈，面对困境要沉住气，静下心来应对，才能战胜逆境，赢得卓越人生。

曲线人生，走弯路才是人生的常态

如果你已经做好了最坏的打算，那接下来发生的任何事都是你所能接受的。

比起那些整天担心自己会倒霉，会遇到挫折的人来说，时刻准备好迎接命运的挑战是十分必要的。你已经准备迎接最坏的结果，命运往往也会高抬贵手放你一马，让你感到人生原来没有想象的残酷。

许多身患重病最后却自愈的人，往往是因为他们内心已经坦然地接受了最坏的结果，做好了死亡的打算，这反而激发起他们活下去的信念，最后击溃了病魔而重拾健康。

现实生活中，失败或者痛苦会给人们带来恐慌。其实，与其在那儿恐惧自己会面对什么，不如想想什么是最坏的结果，遇到了最坏的结果自己会怎么样。想清楚想明白了，或许危机就不那么可怕了。

当你已经知道了最坏的情况是什么时，你必须要接受它，只有这样，你才能够保持镇静，沉住气找出改善当前状况的办法。也只有当你接受了最坏的可能时，你才会身心轻松地面对生活，迎接新的挑战。

当面对不幸、遭遇挫折时，人第一时间会选择逃避，这是一种趋利避害的本能，不容置否。然而，当你试着接受时，会发现所谓的不幸和挫折并没有什么可怕的，当你做好最坏的打算，那么迎来的不好的结果也变成了好的结果，也就不觉得有什么损失，反而认为自己多得了什么。与其等待自己被苦难淹没，不如未雨绸缪，为即将到来的坏事做好准备。

这样在别人失魂落魄不知如何是好时，你已经想好了应对的策略，抢占了先机，距离成功更近一步。做好最坏的打算，接纳最坏的结果就是为即将到来的胜利做准备，就是为成功的道路奠定基石。只有接受了最坏的可能，才能够沉着应对，在困难中窥见成功的影子。

最糟糕的遭遇有时只是美好的转折

有些人遇到挫折，就会气馁，然后躲起来舔舐自己的伤口，从此不敢走出自我。有些人遇到困难，反而迎难而上，对于他们来说，跌倒是为了更好地站起来。谁也不能保证自己的人生不会受到伤害，关键是受到伤害后能否复原。

受到伤害后无法自愈的人，最后只能任由伤口发炎、病菌侵蚀自己的健康。以股票市场为例，有人一夜成名，成为百万富翁，也有人一夜间一无所有，面对金钱的损失，许多人因此无法释怀，最后精神崩溃，失去了生的意志。

面对生活中遇到的挫折，能够将负面情绪及时发泄出来是十分必要的，否则有的人会因为一次的失败而失去斗志，一生都沉浸在失败的阴影中，最后选择用过激手段来解决问题。相反，一个人跌倒了若能够重新站起来，他一定可以走得更远。换句话说，一个人面对受到的伤害，复原的能力越强，他的生存能力就越强。

《哈佛商业评论》认为复原能力强的人需要具备的三种能力。那就是接受并战胜现实的能力，在危难时刻寻找生活本质的能力和随机应变的能力。

只要具备了这三种能力，在人生的路途中无论遇到怎样的挫折、失败，无论身陷怎样的险境和绝地之中，都能够沉住气，顽强地走下去，最终夺取胜利。

就像人的身体具有修复能力，伤口能自己愈合一样，人的心灵也能经历痛苦的蜕变而复原，拥有这样的复原能力，面对难题，你才能浴火重生。

成功不怕迟，失败要趁早

“跌倒了再站起来，在失败中求胜利”这是历代伟人成功的秘诀之一。要想真正战胜失败，关键是要学会昂首挺胸，正视失败，从中吸取教训，下次不再犯同样的错误。否则就会在同一个地方被同一块石头绊倒两次，这样的人也无法从失败中把握未来，实现命运的转折。

坚信失败乃成功之母，若每次失败之后都有所“领悟”，把每一次失败都当作成功的前奏，那么就能化消极为积极，变自卑为自信。

一个人要成就事业，就要具备百折不挠的精神，不能因为害怕失败就放弃努力、放弃追求，对于所做的事，不论怎样不遂心也不放松、不罢手，抱定恒心去做，才能获得成功。在这个世界上，每一个人都经历过无数次的失败，当然，也包括成功人士在内，他们的成功也并非是一帆风顺的。

不要害怕失败，财富的获得总是在失败中一点点积累的，很少有人一夜暴富，而且一夜暴富的财富也总是不长久的。这便是富人们不怕失败的原因，失败也是一种财富。

失败不仅是结果，还是态度。当事情搞砸的时候，不要立刻为自己挂上“失败者”的标签。你如何想象自己，你很可能就会变成那个样子。反复多次地自称为失败者，不但在心理上承受着巨大的压力，还会限制自己潜能的发挥。

如果失败了，不妨对自己说：“没有什么了不起，失败中包含着走向成功的因素。”假如生命给了你一次失败的机会，它同时也会给你面对失败的勇气和信念，使你走出失败陷阱。

多次的失败并不表明你已是一个被盖棺定论的失败者，而表明你正在用失败铺路、一步一步地接近辉煌的成功。多次的失败并不表明你是一个屡战屡败、经不起挫折的懦夫，而表明你是一个屡败屡战、勇往直前的勇士。

成功不怕迟，失败要趁早。越早失败，积累的经验教训越多，成功来得越早。成功总是需要艰辛的付出的，想一想那些卓越的人，他们为什么能够有所成就？当然和他们持之以恒的努力是分不开的。他们并不是每一次都会成功，但每一次的失利，都会成为他们进取的动力，为他们下一次的成功积淀力量。真正的成功是需要我们沉住气，一步一步地进取才能够获得的。

面对寒潮，不妨勇敢地“冬泳”

2008年，美国金融危机全面爆发，金融海啸席卷全球。随着世界最大经济体的经济增长放缓，消费信心不足，金融危机向实体经济蔓延。截至2008年年末，降薪裁员已波及房地产、航空、石化、电力、IT、证券、金融、印刷等一系列行业。

受金融风暴影响，大多数行业都提前入冬。阿里巴巴集团董事局主席马云给全体员工发了题为《冬天的使命》的邮件，号召阿里巴巴全体员工准备“过冬”。信中有这样一段话：“我们对全球经济的基本判断是经济将会出现较大的问题，未来几年经济有可能进入非常困难的时期。我的看法是，整个经济形势不容乐观，接下来的冬天会比大家想象的更长、更寒冷、更复杂！我们准备过冬吧！”

其实，寒冬来了，用不着害怕，既然已经来临，我们就应勇敢面对。只要我们敢于向寒潮挑战，沉住气，寻找危机的突破口，就一定能战胜危机，续写辉煌。

什么是路？路就是从没路的地方踏出来的，从只有荆棘的地方开辟出来的。生活中，谁也不会是一帆风顺的，总会遇到寒冷的“冬天”。当我们遇到时，一定要沉住气，拿出勇气走过人生的灰色地带，对未来充满希望，让自己勇敢地再来一次。很多时候，有些事情看起来没有回旋的余地，但只要不放弃，很可能就会出现转机。而在人生的道路上，也只有那些敢于面对挫折、对生活抱有希望的人，才能走出阴霾，迈向幸福、光明的前程。

成功需要熬，失败因为逃

落榜、失恋、失业……现实中，你是否四处碰壁、伤痕累累？你是否常常怨恨、畏惧、沉沦？

成功的人就是站起来的次数多过跌倒的次数，正如著名作家海明威在《老人与海》里面的一句话："英雄可以被毁灭，但是不能被击败。"英雄的肉体可以被毁灭，但是精神和斗志不能被击败。受苦的人，因为要克服困难，所以不但不能悲观，而且要比别人更积极。

据说徒步穿越沙漠，唯一可行的办法，是等待夜晚，以最快的速度走到有荫庇的下一站，中途不论多么疲劳，也不能停下。否则第二天烈日升起，加上沙上炙人的辐射，就只有死路一条。在冰天雪地中历过险的人也都知道，凡是在中途说"我撑不下去了，让我躺下来喘口气"的人，都很快会死亡。因为当他不再走、不再动，他的体温会迅速降低，随后就会被冻死。

在人生的战场上，我们不但要有跌倒之后再爬起来的毅力，拾起武器再战的勇气，而且从被击败的那一刻起，就要开始准备下一轮的奋斗，甚至不允许自己倒下，不准许自己悲观。这样一来，我们才不会彻底输，而只是暂时地"没有赢"。

一个人在任何情况下都应勇敢地面对人生，无论遭遇什么，都要保持生活的勇气，保持不服输的奋斗精神，做生活的强者。

有竞争就会有失败，失败的时候，正是我们学会思考和总结的黄金成长期。人们常说：“胜败乃兵家常事，因此要胜勿骄，败勿馁。”而更重要的是要经得起挫折，重整旗鼓，开辟人生的另一个战场。

困境与失败都没有止住松下幸之助积极进取的步伐。有人说，检验一个人，最好是在他失败的时候，看失败能否唤起他更多的勇气；看失败能否使他更加努力；看失败能否使他发现新力量，挖掘潜力；看他失败了以后是更加坚强还是就此心灰意冷。人生的成功秘诀之一在于如何面对失败。有些人将失败看成打击，他的前一次失败就种下了下一次失败的种子，那是真正的失败者。另一些人将失败作为一种收获，每一次的失败就增加了下一次成功的机遇。屡败屡战，斗志一次比一次强，愈战愈勇，最终胜利也就自然来临。

一个人要有所成，就不得不忍受失败的折磨，在失败中锻炼自己、丰富自己，使自己更强大、更稳健。这样才可以水到渠成地走向成功。

成功是一份难得的经历，失败是一笔宝贵的财富。我们应在竞争、失败中练就承担挫折的勇气，为今后的成功做好铺垫。

第八章

当你飞得越高，骂你的人就越渺小

心中的格局有多大，人生就能走多远

大千世界，芸芸众生，不同的人有着不同的命运。能够左右命运的因素很多，而一个人的格局，是其中最为重要的因素之一。

人生需要格局，拥有怎样的格局，就会拥有怎样的命运。很多大人物之所以能成功，是因为他们从自己还是小人物的时候就开始构筑人生的大格局。所谓大格局，就是拥有开放的心胸，可以容纳博大的理想，可以设立长远的目标，以发展的、战略的、全局的眼光看待问题。对一个人来说，格局有多大，人生就有多大。那些想成大业的人需要高瞻远瞩的视野和不计小嫌的胸怀，需要“活到老、学到老”的人生大格局。

古今中外，大凡成就伟业者，一开始都是从大处着眼，从内心出发，一步步构筑自己辉煌的人生大厦的。

格局有多大，人生的天空就有多精彩。每一个想成功的人，都要拥有一个大格局，都要懂得掌控大局。如果把人生比做一盘棋，那么人生的结局就由这盘棋的格局决定。在人与人的对弈中，舍卒保车、飞象跳马……种种棋招就如人生中的每一次拼搏。相同的将士象，相同的车马炮，结局却因为下棋者的布局各异而大不相同，输赢的关键就在于我们能否把握住棋局。

要想赢得人生这盘棋局，就应当站在统筹全局的高度，有先予后取的度量，有运筹帷幄之中而决胜千里之外的沉稳气势。棋局决定着棋势的走向，我们掌握了大格局，也就掌控了大局势。沉住气规划人生的格局，对各种资源进行合理分配，才可能更容易获得人生的成功，理想和现实才会靠得更近。人生每一阶段的格局，就如人生中的每一个台阶，只有一步一步地认真走好，才能够到达人生之塔的顶端。

人，应该沉住气，为自己寻求一种更为开阔、更为大气的人生格局！扩大自己内心的格局，去构思更大、更美的蓝图，我们将会发现，在自己胸中，竟有如此浩瀚无垠的空间，竟可容下宇宙间永恒无尽的智慧。

用人品守好你的最后一道墙

有人做了一个很好的比喻，说人的欲望是个可怕的贼。一旦遇见了机会，它就会利用人的缺点开始进攻。只有控制好自己的欲望，在利益面前守住自我，才能够不被自己的私欲所俘虏。

利益面前，人人内心深处都会有交战和冲突。可怕的不是心里起了坏的念头，而是不能够主动地克制坏的念头，在利益的引诱下守住自己。

在工作中，每个人都会面临各种各样的诱惑，善恶就在一念之间，如宋学大家程颐所讲："一念之欲不能制，而祸流于滔天。"在诱惑面前一不小心，稍作退让，就会做出抱恨终身的事。因为贪图一时的利益而让集体蒙受巨额损失，这样的例子并不鲜见，除了带给自己良心上的负担，还会毁掉给自己的名誉。

见利忘义，因个人利益伤害集体利益的人是无法在社会上立足的。现实生活中许多人无法抗拒诸如金钱、权力、地位的诱惑，沉迷其中而不能自拔，这样的人只会因争小利而失去前途，在利益面前失去自我。

现实生活中，我们要心怀大格局、有成大事的胆识和气魄，沉住气，耐心修炼自己，不争一时一地的得失，从而赢得长久的成功。

你的层次决定了你能见到的风景

时代的进步所带来的是社会经济的飞速发展和物质生活的丰盈，形形色色的选择和诱惑也随之而来，从日常的柴米油盐酱醋茶到谋利发财的诀窍，这些事物愈来愈多地影响着人们的生存状态，就像鱼饵一样等待着人们上钩、考验着人们的内心。面对这些选择和诱惑，一部分人急于抓取眼前的一切，唯恐遗失任何有可能谋取财富的机会，也越来越习惯于贪大求全、不断索取，将眼前的利益当成了永久的成功。

谋求财富的过程就像是一场马拉松，我们不能只在意眼前的路程，而应该重视最后的终点。利益对人们的诱惑非常大，它能够使人感到愉悦和满足，也能够让人挣扎和痛苦，倘若只专注于眼前的既得利益、不做长远打算，得到的欢愉也仅仅是暂时的。用另一种说法来表述的话，就是“福兮祸之所倚”，眼前所得到的不一定就会是真正的成功，相反，这种成功会蒙蔽我们的双眼，使我们专注眼前、忽略长远，为将来的失败埋下了潜在的危险和隐患。忍得了一时才能快乐一世，这是人人都懂的简单道理，但是在面对诱惑的时候，人们往往无法参透它的内涵。无数的事例都表明，要学会抵制眼前的诱惑，才能够收获更多。

在人生中，经常会有人被困于“关卡”里，他们不愿意放弃身边的财富和利益，或者为了谋求更高的社会地位、更丰厚的收入、更优渥的物质环境以及无数的诱惑，最终却囹圄在一种进退不得的境地，自己仍浑然不觉、无法自救，不断上演着相似的悲剧。

在短时期内，也许那些不愿舍弃眼前利益的人能够表现得非常出色，但是，他们面对诱惑的时候往往目光短浅，只考虑到现在、不做长远打算，因而，他们缺少一种掌控和规划未来的能力。在工作中，也往往会被眼前的高酬劳、高利益所诱惑，没有考虑过自身的长远规划，频繁跳槽。

而那些能够不被眼前的利益所诱惑、着眼于规划自身未来的人，更偏向于选择可以给自己提供发展平台的公司。对于一个有抱负有远见的人来说，能力以及提升自己能力的方法是实现远大目标最重要的部分。

人生中往往充斥着形形色色的诱惑，这些都有可能使我们迷失自我、目光短浅，从而偏离人生的方向，落得失败的结局。只有舍弃眼前的诱惑、理性地看待它们，才会有最后的辉煌。

每一个现在，都连接着你的未来

忠诚是我们的立身之本。一个禀赋忠诚的员工，能给他人以信赖感，让老板乐于接纳，在赢得老板信任的同时更能为自己的发展带来莫大的益处。相反，一个人如果失去了忠诚，就等于失去了一切——失去朋友，失去客户，失去工作。从某种意义上讲，一个人放弃了忠诚，就等于放弃了成功。

一个人任何时候都应该信守忠诚，这不仅是个人的品质问题，也有道德价值，而且还蕴含着巨大的经济价值和社会价值。尽管现在有一些人无视忠诚，利益成为压倒一切的需求，但是，如果你能仔细地反省一下，就会发现，为了利益放弃忠诚，将会成为你人生中永远都抹不去的污点，你将背负着这样的污点生活一辈子。

事实上，无论什么原因，你失去了忠诚，往往就失去了人们对你最根本的信任。不要为自己所获得的利益沾沾自喜，其实仔细想想，失去的远比获得的多，而且你所获得的东西可能最终并不属于你。相反，如果你在工作中一直坚持忠诚的原则，忠于公司，你必将获得老板的赏识和众人的尊敬。

无论一个人在组织中是以什么样的身份出现，对组织的忠诚都应该是一样的。我们强调个人对组织忠诚的意义，就是因为无论是组织还是个人，忠诚都会使其得到收益。

忠诚不仅仅是一种品德，更是一种能力。没有任何组织愿意用一个缺乏忠诚的人。忠诚没有条件，更不用计较回报。它是一种与生俱来的义务，是发自内心的情感，具备这种品质，将会使工作变得更有意义，并赋予你工作的激情。对工作忠诚的人感觉到的是享受，不忠诚的人感觉工作是苦役。忠诚不是简简单单的付出，忠诚会有回报。虽然你通过忠诚工作创造的价值中大部分不属于你个人，但你通过忠诚工作得到了许多比那部分价值更有意义的东西，比如经验、知识、才能。它使你在市场上更具竞争力，使你的名字更具有含金量。

履行职责是对工作最大的忠诚，也许你总为自己受到的不公平待遇感到烦闷，那么为何不仔细找找原因，多想想自己在哪个方面做得不好。从长远来看，公平是长期存在的，如果你因一时的不公平而自甘颓废，因一时待遇不公而放弃主动积极的机会，那可能将永远得不到补偿了。获取公平的唯一办法就是一如既往地努力工作，主动承担责任，忠诚工作，用事实说话，用成绩证明自己的能力。无论是做人还是工作都要从全局出发，忠诚工作就是为自己的前途工作，如果仅仅只看到眼前小利，只会毁了自己的职业前途。

没有胸怀，就没有未来

尘世中的人们最难脱的不过“名”“利”二字。正因名利难脱，古人才将之比喻为缰绳和锁链，它们紧紧地将人缚住，使其活得疲惫不堪。曾经有人以纤夫拉船为题写了一首诗：“船中人被名利牵，岸上人牵名利船。为名为利终不了，问君辛苦到哪年？”可见，世上之人总离不开名利牵绊。名利就如同鸦片一样，一旦沾上了，想要放下就会很难。

我们要看轻得失，才能赢得成功的大格局。

生生死死，死死生生，世间的一切总是继往开来，生息不断的。得与失，到头来根本就是一无所得，也一无所失。过于计较得失的人，工作上会拈轻怕重，遇到挫折会灰心，做出成绩会骄傲浮躁，甚至因为做了一点儿成绩，有了一些成果，就对公司大开“狮口”，职位上要求升迁，薪金上要求上涨；更有甚者，什么都没做，却一心想要高待遇，并且以满足多少要求干多少活的心态来工作，这本身就是得失心太重，过于浮躁的一种表现。

只有看轻得失的人才能够更好地专注于发展。在个人利益与集体利益出现矛盾时，才能够以集体利益为重。看淡得失的人才能够在物欲横流的工作中保持淡定的态度，面对诱惑不动于心。看淡得失的人才能够豁达对待工作中的人和事，不会在工作中裹足不前，在挫折面前才能够笑脸面对，镇定处之。

先让付出超过回报，再求回报超过你的付出

著名成功学家拿破仑·希尔有一句话：“提供超出你所得酬劳的服务，很快，酬劳就将反超你所提供的服务。”沉住气，好好奋斗，当你愿意从事超过你的报酬的工作时，你的行动将会促使你获得良好的声誉，将增加人们对你的信任和青睐。

每个人在工作中，只能在业绩中提升自己，使自己工作所产生的价值远远超过所得的薪水，只有这样才能得到重用，才能获得机遇。

无论是生产车间里的普通工人，还是活跃在市场第一线的销售人员，或者是一名总经理，他们都是凭借自己的价值来获得报酬的。能为公司创造更多价值的人，得到的报酬才会更多。

中国有句古话叫“无功不受禄”,为企业创造价值你才能有资格接受公司给予你的回报，倘若你碌碌无为或者业绩甚微，你又凭什么苛求企业给你高薪呢？

企业的正常运转是建立在每一名员工都能担负应有的责任，创造相应的价值的基础之上的，作为一个高素质、有觉悟的员工，应该沉住气，用切实的业绩积累自己生存发展的资本。这样，你创造的价值多了，老板自然会相应付给你更多的报酬。

一个人的价值是靠自己创造的。一个员工能否创造出价值，创造多少价值，其实老板心中是有数的。老板根本不怕你拿高薪，关键是你能否把自己的工作做得富有成效，为公司创造更大的价值。

追求名利是职场中所有员工的希望，老板们想提高利润，你也想增加薪水，可一切都从何处而来？天上是不会掉馅饼的，薪水的增加要靠工作来实现，因此，与其整天抱怨，不如沉住气、立足行动，先让付出超过回报，再求回报超过付出，这样生活才能少些失意、多些快乐和踏实，这又何乐而不为呢？

涉世之初，做一只拼命生长的“蘑菇”

有一个有趣的“蘑菇定律”，是20世纪70年代由国外的一批年轻电脑程序员总结出来的。它的原意是：长在阴暗角落的蘑菇因为得不到阳光又没有肥料，常面临着自生自灭的状况，只有长到足够高、足够壮的时候，才被人们关注，人的成长也肯定会经历这样一个过程。这就是蘑菇定律，或叫萌发定律。

很多人都有一段或几段“蘑菇”经历，但不一定是什么坏事，当“蘑菇”，能够消除很多不切实际的幻想，使我们尽快成熟起来。

工作不分贵贱，但是态度却有尊卑，任何一份工作都包含着成长的机遇，任何一份工作都有需要学习的东西。一个成功者不会错过任何一个学习的机会，即使是在店里扫地的时候，也要观察老板是怎样和客人打交道的，他们总是在观察、学习、总结。也正是这种蛰伏的智慧，使得很多人在经历“蘑菇”岁月后脱颖而出，成为同辈中的佼佼者。

凡想获得成功的人，都应该沉住气。先学会耐得住“蘑菇”时期的寂寞，然后才能做大事，才能取得更大的业绩。

老子说：“轻则失本，躁则失君。”职场上永远不会有一步登天的事情发生，不管你的能力有多强，你都必须沉住气，从最基础的工作做起。我们应该认识到，没有任何工作是卑微并且不需要辛勤努力的。年轻人应该磨去棱角，适应社会，不断充电，提升能力，要知道，无论多么优秀的人才，步入社会时都只能从最简单的事情做起。一个人，只有放下架子，沉得住气，打牢根基，才能在日后有所作为。

先要“埋头”，才能“出头”

生活中，很多人喜欢把人生理想、伟大抱负挂在嘴边上，逢人便说，而自己却不肯为理想付出努力。理想的实现要看取得成绩的多少，而不是高谈阔论、虚张声势，要知道，如果一个人不切实做出成绩，就算他真有经天纬地、运筹帷幄之才，又有谁会买他的账呢，恐怕只能徒增别人对他的厌烦。

在追求理想的道路上，先要“埋头”，才能“出头”，当客观条件不充分时，沉住气，在低处养精蓄锐，待时机成熟时再放手一搏，才不失为一种出奇制胜的明智之举。

高标立世必须以低处修身为基点，这好比弹簧，压得越低则弹得越高，只有安于低调，乐于低调，在低调中蓄养实力，才能获取更大的发展。小李的成功经历给了我们很多启示，成功是靠做出来的不是吹出来的，只有沉住气，不断提升能力，才能为自己赢得更广阔的发展空间。同等条件下，肯“埋头”的人比浮躁的人在人生和事业上走得更远。

无论谁的人生，都难免遇到坎坷曲折。纵观古今中外，凡成大事业者，无一不是具备沉稳的性格，经得起诱惑，耐得住寂寞，无论在什么环境中都保得住操守，不忘记自己的方向。我们要有所成就，就要避免浮躁，肯于放下身段，埋头苦干，只有这样才能“出头”。

往远处看，向平处行

有些人把工作当成鸡肋，食之无味，弃之可惜。一方面，他们不满意现在的工作，另一方面，出于种种原因又不得不做这份工作。殊不知，心不甘情不愿地工作，不管对于企业来说，还是对个人来说，都是毫无裨益的。

其实，每份工作都是成就卓越的机会，在平凡的工作中脚踏实地工作的人，总能在工作中收获诸如才能、社会经验、人际关系等，而那些心浮气躁，不懂得经营手中工作的人，在等待“转机”的过程中白白错失一个个提升自我的机会，即使“转机”真正降临，他们也会因为缺乏足够的能力而与其失之交臂。

一切努力和付出都是为了更好的前途，这也是希尔能够取得成功的秘密所在，他很珍惜卡耐基提供的平台，甘于在这个平台上付出长达20年的努力，最终收获了自己不可限量的前途。

公司虽是老板的，但平台却是属于自己的，艰难的任务能锻炼我们的意志，新的工作能拓展我们的才能，与同事的合作能培养我们的人格，与客户的交流能训练我们的品性。公司是我们成长过程中的另一所学校，工作能够丰富我们的经验，增长我们的智慧，培养令我们终身受益的能力。

多干一点儿活，你的能力就多增一分，影响力也多增一分。

一些人宁肯花费很多精力来逃避工作，却不愿花相同的精力来努力完成工作，他们以为自己骗得了老板，其实，他们愚弄的只是自己。不要为了老板而工作，也不要仅仅为了金钱而工作，要像张扬那样——为梦想而工作，为自己的前途而工作。周围环境不是你懒散的借口，要时刻牢记：心有多大，舞台就有多大。

把工作当成施展自我抱负与风采的舞台，沉住气，扎扎实实演好自己的每一个角色，做好在职的每一天，利润虽然属于老板，但价值却是自己的。

第九章

自己的梦想，自己让它照进现实

有“智”者事竟成，觉悟者业先达

很多人都希望从名人的身上找到能够走向成功的捷径，为此，比尔·盖茨毫不吝啬地给出了他自己的“人生公式”：财富=正确的想法+足够的时间。

可是，这样的人生秘诀让很多希望得到成功指引的人觉得莫名其妙。人们可能会想：成功应该靠的是机遇、运气、智慧或者还有其他更加神圣的因素，怎么可能单单凭借想法和时间就能够获得成功呢？

洛克菲勒用他的观点给人们提供了一个参考答案，他说：“即使是把我现在所有的财产都拿走，把我脱个精光放在沙漠里，只要给我足够的时间和一支经过沙漠的商队，我也会很快再次成为百万富翁。所以，真正能够指引人们生活的，不是现在的财富和经验，而是你面对生活的想法。”

世界上最大的未开发资源不是南极洲或者非洲沙漠，而是你的帽子下面。洛克菲勒就是凭借他脑子当中的想法，经过了几十年炉火纯青的历练，形成了开阔的思路和“想法决定一切，想法能够改变一切”的积极心态。有了想法，并且有了将想法付诸行动的意志，你就能够走向成功：没有机遇，你可以趁势制造机遇；没有财富，你可以寻找合作伙伴；没有人脉，努力之后也能建立属于自己的关系网……世界上所有的财富都是依靠思路来做牵引的，没有一种成功不是由想法来塑造的。

要想撬起世界，它的最佳支点不是地球，不是一个国家、一个民族，也不是别人，而是自己的心灵。

有人说，思维才是人生最大的财富。爱因斯坦也说：人们解决世界的问题，依靠的是大脑和智慧。所以，撬起世界的支点，不是外在的环境，不是你所拥有或者一直羡慕的财富，而是你的想法。要有想法，就要学会正确思考。正确地思考，首先要学会控制自己的思想。卡耐基认为，思想是一个人唯一能完全控制的东西。因为你的思想会受到周围环境的影响，所以，你要有着一套科学有序的流程，来控制这些影响因素。

我们常常会看到一些人因为失败而伤心难过，也有一些人对成功有着强烈的渴望，但是外界环境总是阻挠他实现梦想的脚步。爱情不顺利，工作不理想，生活太平淡，激情找不到释放的出口，于是，很多人开始烦躁不安，夜不能眠，食不知味。巨大的精神压力让我们感受不到生活的快乐。

可是，我们有没有想过，为什么会这样呢？关键还是在于我们的想法。你的生活不是由外在环境所决定的，而是占据你心灵习惯性的想法在决定着你的人生。所以，你要牢记思想家马克·奥瑞利斯所说的话："人的一生是由他的想法来造就的。"适当地改变自己的想法，成功自然就会在不远处招手。

平庸来自贫瘠的大脑

曾经就读于哈佛的拉尔夫·瓦尔多·爱默生是美国著名的散文作家、思想家。他说："我们的生命是什么？不过是长着翅膀的事实或事件的无穷的飞翔。"

生活中很多"司空见惯"的日常现象看似平常，却隐藏着许多发明创造的契机。只要你善于联想，积极思考，就能发现它。

如果有一个我们能够抓住问题尚未显露时的好机会，洞察它并寻求解决，那么，你就是懂得正确思考之要义的人。如果我们能形成一种有效的想法，并紧接着付诸实践，就能把失败转变为成功。问题来了，主动思考。只有敢"想"、会"想"，思考成功、思考未来的人，才会是成功者的候选人。有着善于思考的习惯、敢于思考未来的人，才是社会的希望，才是未来的主人。所以有人说，成功是"想"出来的。

思考的魅力对个人的发展可以产生很大的影响。创造性思维是大脑思维活动的高级层次，是智慧的升华，是大脑智力发展的高级表现形态。有人总是说：“思考？那是科学家、发明家和伟人的专利，我们可没有机会。”甚至有人说：“现在太忙，我哪有多余的时间和精力去思考？”

事实真的如此吗？当然不是。思考并不是科学家、发明家和伟人的专利，像你我这样的普通人同样有思考的权利，因为脑子是自己的，思考之权应该掌握在自己手里。毕竟，我们的一切活动，包括人际交往、对目标追求的手段和方式以及对更高层次生活的向往，等等，都是由思考决定的。

所以，从成功这个意义上说，人的成就首先是“想”出来的，是在正确思考后，并采取行动做出来的。想就是思考。思考虽然看不见、摸不到，但它真实地存在着。有什么样的思考方式，就会有什么样的命运。如果你的思考和自信、成功、乐观联系在一起，那么你会有一个圆满的人生；如果你总是想到自卑、失败、忧愁，总是小心翼翼、蹑手蹑脚，那么你的命运也不会好到哪里去。

平凡人走一步看一步，成功者思考未来

“除了事实之外，再也没有权威，而事实来自正确的认知，预见只能由认知而来。”这是古希腊哲人希波克拉底的话，它也曾被作为座右铭挂在威廉·波音办公室的门上。

要想比别人看得远，我们就要比别人站得高些；要想比别人走得远，我们就要比别人想得远些。一个想掌控未来的人，就应

该像威廉·波音一样对自己的未来有所预见，否则，只会陷入眼前的困惑中，想不开，走不出，不仅会减缓成功的速度，也容易多走弯路，甚至遭遇险情。

培养自己预见未来的能力，要先从培养细致准确的观察力和超前思考的能力入手。众多杰出人士的共同点就是善于观察和思考，通过这两项能力，他们才能看到别人看不到的前方，才能高瞻远瞩地看清时代的发展方向。他们的思维总是超前的，所以他们能够引领时代的潮流。

生活中，那些对自己的未来没有预见的人，往往会被眼前的利益所蒙蔽，看不到远方的危险。所以，要学会高瞻远瞩，培养自己预见未来的能力，拥有开阔的眼界，只有这样才能走向成功。

在预见未来的时候，人非常容易犯想当然的错误，许多认识上的错误都是想当然造成的。事实上，貌似理所当然的事情往往并非必然，这是因为世界上的事物是错综复杂的，一个条件可得出多种结果，一果亦可能多因，影响事物变化发展的，除了必然性，还有偶然性。

一位学者指出："要使自己有一副优秀的大脑，勿被看起来似乎理所当然的事所迷惑。"

这种想当然的猜测不是科学的预见，它会将我们的人生规划和行动引向歧途，所以我们要尽力减少想当然的错误，时时提醒自己不要轻易下结论，时时提醒自己：我的判断充分吗？我的预测合理吗？只有这样，才能做出理性的判断和有价值的预见。

“要是我早点儿开始就好了！”这是很多人到了一定年龄后的感叹。为了避免将来后悔，最好及早开始。当然，人的预见不可能永远正确，也会有失误的时候，不过，以失误最少者为指针，则是不变的方法。能够弥补这种失误的方法，就是多观察、多思考，用理性的头脑分析问题。成功者都是在不断的预见、不断的思考中走向人生的成功。

拆断思维里的墙，才能打开成功的门

人类最有力的武器就是思考。在每个人的一生中，思考无时无刻不在左右人的行为，影响人的人生轨迹。一个不善于进行理性思考的人，往往就会在行动中失去方向，走上歧途，越努力，错得越多。而只有在正确思考的基础上，我们才能拥有思考带来的益处，成功才能不走弯路。

无论何时何地，遇到问题时，我们都应平心静气地处理，越是重大的决策，越要小心谨慎，头脑冷静，深入思考，缜密分析各种信息，判断各方局势，做出认真负责、科学求实的决策。

尤其是在紧急时刻，更要沉着冷静，分析思考，但很多人在危难之中出于本能，都会做出惊慌失措的反应。然而，仔细想来，惊慌失措非但于事无补，反而会添出许多乱子来。所以，临危不乱、处变不惊，以高度的镇定，冷静地分析形势，这是一个成功者应具备的素质。

我们所有的计划、目标和想法，都是思考的产物。我们的思考能力是我们唯一能完全控制的东西。我们可以任意地运用它，使它显示出一定的力量。

思考是成功的来源，只有当我们渴望成功的时候，我们才会得到成功。如果我们从未想过要成功，那么是很不容易成功的。信仰是脑子里的真理，意念是心中的火焰，成功就来自于思想，思想能够掌握人生。

冷静思考之所以一直被我们所推崇，是因为冷静思考者不会意气用事，他们以理性而准确的方式处理问题，不会受情绪的左右。

冷静思考者一直都被当作是人类的希望。因为他们在他们所做的事情上扮演着先锋者的角色，在理性、睿智的思考中，他们能够不断创新。他们不断创造工业和商业，发展科学和教育，并鼓舞着道德和宗教。思考，为勤奋增添了一对远飞的翅膀，让勤奋者能够走得更远，飞得更高。

爱默生曾经说过："当上帝释放一位思想家到这个星球上时，大家就得小心了，因为所有事物都将濒临危险，就像在一座大城市里发生火灾一样，没有人知道哪里才是最安全的地方，也没有人知道火什么时候才会熄灭。科学的神话将使人类发生变化；所有的文学名声以及所有所谓永恒的声誉都可能会被修改或指责；人类的希望、人类的思想、民族宗教以及人类的态度和道德都将受下一代摆布。普遍化将成为神力注入思想的新汇流口，因此悸动也跟随而来。”

爱默生生动地指出冷静思考的重要性，当一个人开始思考的时候，他已经开始与众不同了。因为每个人有每个人不同的想法。尤其在面临困境的时候，思考更是让我们摆脱困境的关键因素。培养自己冷静思考的能力，让自己无论在什么情况下都能淡定自若。

一半时间用于思考，一半时间用于行动

思考的力量是巨大的。任何创新的成果，都是思考的馈赠。人世间最美妙绝伦的，就是思维的花朵。思考是“才能的钻机”，思考是创造的前提。因此，思考总是为成功之士所钟情。

“书读得多而不加思考，你就会觉得你知道得很多；而当你读书而思考得越多的时候，你就会清楚地看到你知道得还很少。”哲学家伏尔泰说。“学习知识要善于思考、思考、再思考，我就是靠这个学习方法成为科学家的。”爱因斯坦说。

牛顿说：“如果说我对世界有些微贡献的话，那不是由于别的，而只是由于我的辛勤耐久的思考所致。”思想家狄德罗坦言自己的治学之道：“我们有三种主要的方法：对自然的观察、思考和实验。观察搜集事实，思考把它们结合起来，实验则来证实组合的结果。对自然的观察应该是专注的，思考应该是深刻的，实验则应该是精确的。”

将一半时间用于思考，一半时间用于行动，无疑是人才的成

功之道。不懂得运用思考这一“才能的钻机”的人，是难以挖掘出丰富的智慧矿藏的；不善于思考的人，就不能举一反三、触类旁通，享受到创新的乐趣。

做事要勤于思考，不肯用脑的人是不会做好事情的。

我们的思维总是存在一个误区，认为没有在忙碌地工作就是在浪费时间，我们会产生负罪感。其实，有时候并不是工作不勤奋而使我们效率低下，而是因为我们缺乏思考，方法不对，才导致工作效率低。我们需要思考，而不是立即行动。

思考虽然要花费一定的时间，因为我们需要在头脑中想象没有发生的事，但是思考是我们成功必经的途径。如果你善于思考，不再经常被突发事件搞得不知所措，你就不会再害怕任何变故，也就拥有了制胜的武器，能够妥善解决生活的问题，也就更加高效。

思考还常常被误解为无所事事，在很多人观念中，没有实实在在的行动就不算努力。但是思考制定的是我们的人生规划，并为此做出时间安排，决定我们今后的生活，思考让我们决定下一步往哪儿走，是我们生活的本领，代表了我们个人的机遇和发展。思考让你作出判断、下定决心，并把你的想法付诸行动。

在现实生活中，思考是智慧的表现，懂得思考问题的人才能成为出色的高效能人士。只有善于思考的人，一生才会充满光明，一种好的思维方式就是引导你走向成功的快捷之路。

在现实生活中，善于思考问题，善于改变思路的人，总能给自己赢得让人们发现自己才华的机遇，在成功无望的时候创造出柳暗花明的奇迹。

事实上，赢得一切、拥抱成功的关键，就在于你能不能积极地思考、持续地思考、科学地思考。不懂得思考的人，是难以挖掘出丰富的智慧矿藏的。只要你将一半的时间用来思考，一半的时间用于行动，你就能成为一个高效能的成功者。

任性不认命，行动是成就野心的唯一途径

长期以来，人们一直在强调思考的价值，以为只要有了好的想法，就能够走向成功。但是事实并不是如此。单单有好的想法，没有将其付诸实际，那些美好的想法只能划入空想的行列。

怎样才能开放自己的大脑，并且让自己的想法具有更多的价值呢？答案只有一个，就是行动，要表现出来。也许我们都听说过这样一句话：现在的世界不缺少有想法的人，而是缺少能够把好的想法付之行动的人。我们不缺少行动的人，我们缺少的是能够用行动表现自己的人。

一朵花不能只在深夜里开放，一个人也不能只在心里默默地勾勒自己的想法。当你有了某些具体的想法的时候，有了足够的坚持和信念，也找到了能够达成愿望的突破点后，接下来的最重要的事情，就是你的行动。意大利爱国志士乔万尼奥里说：“伟大的理想只有经过忘我的斗争和牺牲才能胜利实现。”行动是思想的助推器，只有行动能够提升想法的价值。但是，我们的行动

也是要有一定的前提的，就是要让别人看到我们的努力，并得到别人的认可。

在我们的身边，很多人都对生活有着美好的幻想，但是他们要么只热衷于幻想，从来不肯把想法付之行动；要么就躲在一旁“闭门造车”，不愿意与别人交流，不愿意让别人看到自己的努力。在他们的心里，好像很害怕别人知道他们在做什么，唯恐自己的好创意被别人剽窃了。

在生活中，许多人才华横溢，但因为不会表现、推销自己，而不被众人所知，没有找到发挥才华的舞台，他们就如同那朵夜间偷偷开放的花，无人赏识，怀才不遇。

现代社会是开放的社会，每个人都要在这个开放的大舞台上与众人竞技，而不是在一个封闭的角落里独自吟思，孤芳自赏。只有学会表现自己，推销自己，积极行动起来，才能赢得更多的机遇。所以，如果你有了好的想法，就要尝试着将心里所想的都表现出来，尽情地绽放自己的光芒，不要在寂静无人的深夜，要在拥挤如潮的人群中，让他们发现你的美丽，让他们知道你的价值，就如同那朵在午后开放的花朵一样。

唯有如此，你的想法才变得更有价值，你才能被赏识，你才能真正得到你所该得到的最好待遇，发挥出自己的专长，最终实现自己的人生梦想。

人生最酷的事，莫过于把吹过的牛一一实现

在现实中，很多事情都不像表面那么简单，生活总是会给我们意想不到的惊喜，所以我们不能只凭借主观上的判断来推测事情的结果，而应该将行动进行到底，让最终的结果来证实我们的想法是对还是错。

一个人在工作中取得的所有成就都是他自己思想所决定的最直接的结果。

在一个已经被各种条条框框所规范的世界里，失去思想的进步与突破将意味着彻底毁灭。人需要经由改变世界、改变环境而改变自己，需要经由对工作负责、对生活负责而对自己负责。怯懦与勇敢、守旧与创新、因循与改变都是人头脑中的东西，因此一个人的成功与失败只能由他自己把握，也就是说，一切的结果都是由他的思想决定的。

人类为了规范社会行为，制定了很多的规则。一旦有人违背了这套规则，就会为众人所不容，处处遭到别人的鄙夷和唾弃。条条大路通罗马，走向成功的路不可能只有一条。所以，当我们与众人的想法相违背的时候，不要害怕别人轻视的目光，而要努力实现自己的想法。只有这样，我们才有机会让事情发展的最后结果来证明我们是对还是错。对了，我们就可以向世人证明，我们最初的判断是正确的；错了，最起码我们知道了这条路是不可行的，也从中获得了成长的经验。

想法决定行动，思路引导实践，但是只有结果能够检验思路是正确的还是错误的。我们的感官认知往往存在片面性。因为每一个人在做出判断的时候，都会有一定的自我期待涵盖在里面，所以在推断结果的时候，就会加入自己的主观意识，希望事情会朝着自己的想法而发展。但是事情的发展往往存在很多偶然因素，谁也没办法在事情结束之前就知道它是否还有转机，所以单单依靠自己的推测是不可靠的。

人生的美好在于不设限

关于知识、见识和胆识，字典里给出的解释是：知识的意思是人们在改造世界的实践中所获得的认识和经验的总和；见识的意思是见闻、知识；胆识的意思是胆量和见识。

知识大部分是书本上得来的，基本上属于理论范围；见识是在知识的基础上有一定的实践；而胆识则是人的能力和魄力，是才华和知识的集合。知识的内容包罗万象，所涉及的范围广泛。而见识是平时我们对社会和周围事物的观察、思考和积累的程度，是一个人通过参与社会实践所获得的认识和经验的积累。所谓见多识广的多是那些有着丰富经验的人。此外见识还意味着一个人对事物认识的维度，即深度、高度和广度。

人常常在不知不觉中，以目前仅有的见识来企求自己所希望得到的东西。人生仅有一次，如果只相信自己的见识，得到的将只是一个狭窄的人生。应该发散思维，开放心中的格局，拓展更为宽广的人生。

一个人对事物的洞悉能力和感知能力常常来源于他的见识。常言道：读万卷书不如行万里路，行万里路不如阅人无数，阅人无数不如重叠成功人的脚步。见识是一般人想不到的办法。接受教育，不间断的学习，是先进行知识积累的过程；把学到的知识直接或间接地在实践中去运行阐释，借鉴正反两方面的经验，遇事多分析、多总结，自然减少了无知的盲目举动和不知所措的愚蠢行为，这就是见识，是充满了聪明和智慧的。学习的知识通过实践的经历的酿造不断积淀，逐渐厚重起来，那么具有个人风格的见识便于实践中形成了。见识是知识在实践中淬炼的美丽结晶。

胆识是将胆量和见识合二而一的综合体。不管是做出一个重要决定，还是在舞台上面对观众，无论是在工作中还是生活中，每个人都会经受过这样的考验：关键时刻，有没有胆量站在一个崭新的高度，迎接某些原本自己能力达不到的挑战。最后使你坚定并坚持下来的力量，是一种犀利的眼光、坚强的意志以及明智的选择，这便是胆识。胆识是人的一种勇气和能力。

哲人说过，所谓“君子”者，在何种事态下都能随机应变，如鱼在水中，灵活自如，游刃有余。也就是说，通过修养自身的品行，获得出众的见识，面对何种局面都能将自己的见解付诸实施得来去自如，其实这一切都需要之前做出万全的准备。

日本经营四圣之一稻盛和夫先生在日本哲学大家安冈正笃

的著作中，对“知识”“见识”“胆识”有了领悟。稻盛先生认为，胆识的母亲是勇气。倘若没有排除万难、坚忍不拔、坚持奋斗到底的勇气，那么一切知识便立刻灰飞烟灭，没有勇气作支撑的知识是一盘散沙，无用武之地。

然而很多人知道这个道理，却在困难面前犹豫踌躇，关键在于他们缺乏勇气作为后盾。过分在意“自我”会导致勇气的丧失。很多感性的小烦恼，以及一些对别人的责难或厌烦的担心，这些以自我为重的忧虑想法都会成为勇气的杀手。没有了勇气，自然更谈不上胆识，最终导致自己裹足不前。

常言说，“读论语而不知论语”。许多人都聆听过先贤的教诲，也读过圣贤书。然而，倘若仅仅停留在“知”的层面还不够，应当把知识通过实践提升为见识、把见识通过勇气升华为胆识。

为了更好地生活，人们就要掌握各种各样的知识。然而，知识本身是很单薄的，几乎承担不起任何的实际作用。要将知识进一步转化成具有强大实践能力的见识。当然，这还是不够的，要用真正的勇气把见识打造成不为任何事所动的胆识，这才是成就大事业的支撑点。

有胆量才会有突破，有突破才会有创新。然而倘若没有知识和见识给勇气打底，那勇气只是匹夫之勇或意气用事。而只有知识和见识，那么只能纸上谈兵或望梅止渴。有了知识和见识的勇气才是胆识，“有胆无识狂为勇，有识无胆多空谈”。做一个有胆有识的人，不但要积累知识、增长见识，更要有必胜的勇气和决心，有敢于挑战的胆量。

别让才华横溢最终成了怀才不遇

把时间花到自己特长的领域，将大大提高获得成功的几率。要关心自己能做什么，做什么能够做到最好；而不是将注意力放到自己不能做什么上，那样除了让自己更加沮丧，没有任何益处。

不要在你不太擅长的领域花费力气。对于你不太擅长的领域，尽量避免花费力气，因为要从“不太胜任”进步到“马马虎虎”，其中所花费的力气和工夫，要远多于从“一流表现”提升到“卓越优秀”。所以，与其把时间花在不擅长的领域上，不如花时间发挥自己的长处。

生活中，特别是不自信的人，往往会把优秀的标准定得太高，而对自身的优点视而不见。事实上，每个人都不是一无是处的，每个人身上都有独特的天赋，如果你能够正视自己的价值，发挥自己的优势，你就能够在自信中充分挖掘出自身的潜能。

许多人能够成功，不是因为他没有缺点，而是因为他把自己的长处充分发挥了出来。在竞争激烈的现代社会，每个人都在努力提升自己的竞争力，而时间就是金钱，与其我们花费大量的时间弥补自己的不足，改善自己的缺点，不如集中力量发挥长处，当我们将长处发挥到极致时，别人大多会忽略我们的缺点和不足。

对于人生而言，支点是什么？就是要找到自己的最重要的才能，充分发挥自己的长处，这样才能将自己人生的成功撬起来。

一个人的个性早在进入社会前就已经决定。所以，一个人会有什么样的表现，就如同一个人擅长什么或者不擅长什么一样，都是天生的。这一点虽然可以调整，但是无法改变。因此，如果一个人去做他擅长的事情，他就会有所收获。

把时间花到自己的长处上，更容易让自己获得成功。古今中外，许多成功人士都是将自己的长处发挥到了极致。

很多人都以为他知道自己的长处，其实不然，在大多数情况下，人们比较清楚的是自己的短处。针对如何找到自己的长处这个问题，有一个回馈分析法：每当你要做出一个重大决策时，请事先写好你所预料的结果，在经过9~12个月后，你可以从实际结果与预先的比较中，得到一个回馈的信息。

这个简单的方法将告诉你，你的长处在哪里。在回馈分析中，你会看出一些重要并且应该做的事情：克服你在知识上的自大，并努力学习那些有助于发挥自身长处和优势的技巧和知识。找到自己的长处和不足，该学习什么，这些都是促进自我成长过程中必须解决的重要问题。

正确的方法，胜于盲目地拼搏

再妙的借口对于事情本身也没有丝毫的用处。许多人生中的失败，就是因为那些一直麻醉我们的借口。

不找任何借口看似冷漠，缺乏人情味，但它却可以激发一个人最大的潜能。无论你是谁，在生命中，无须任何借口，失败了也罢，做错了也罢，再妙的借口对于事情本身也没有丝毫的用处。许多人生中的失败，就是因为那些一直麻醉着我们的借口。

“要成功，就不要给自己寻找借口”，不要抱怨外在的一些条件，当我们抱怨的时候，实际上是在为自己找借口。而找借口的唯一好处就是安慰自己：我做不到是有原因的。但这种安慰是致命的。它暗示自己：我克服不了这个客观条件造成的困难。在这种心理暗示的引导下，就不再去思考克服困难、完成任务的方法，哪怕是只要改变一下角度就可以轻易达到目的。

不寻找借口，就是永不放弃；不寻找借口，就是锐意进取……要成功，就要保持一颗积极、绝不轻易放弃的心，尽量发掘出周围人或事物最好的一面，从中寻求正面的看法，让自己能有向前走的力量。即使终究还是失败了，也能汲取教训，把失败视为向目标前进的踏脚石，而不要让借口成为我们成功路上的绊脚石！所以，千万不要找借口！把寻找借口的时间和精力用到努力工作中来，因为工作中没有借口，人生中没有借口，失败没有借口，成功属于那些不寻找借口的人！

不为失败找借口，只为成功找方法。最优秀的人，是最重视找方法的人。他们相信凡事都会有办法解决，而且是总有更好的方法。

只有积极地找方法，才能更好地解决问题；只有积极找方法的人，才能更好地工作和生活，获得成功。

拿破仑·希尔说：“思考能够拯救一个人的命运。”事实正是如此，有思考力的人才会有创新力，才能主动掌控自己的命运。懒惰、平庸的人往往不是不动手脚，而是不动脑子，这种坏习惯阻碍他们走向创新；相反，那些最终能成大事者基本都在此前养成了勤于思考的习惯，善于发现问题，积极进行创新，努力地寻求解决问题的方法，甚至让问题成为改变自己命运的机遇。

问题会激发我们的兴趣、情感与灵感。它激发我们去感知与记忆，去观察与实验，去注意与搜索，去思索与想象，去发明与创造。发明家保尔·麦克思德说：“唯一愚蠢的问题是你不问问题。”正如苏格拉底所言：问题是接生源，它能帮助新思想诞生。问题是创新的起点，是创新的动力，是创新的导师，有了问题才会思考，有了思考才有解决问题的方法，有了行动方法我们才能进行创新。

人人都有思考的能力。思考力具有强大的力量，唯有思考，才能开发出智慧的潜能，才能打开才智的大门。

当你试着改变自己的思考方式，朝着成功的方向努力时，一切奇迹都有可能出现。从现在开始，让你的头脑刮起一阵“思考风景”，用积极的思考和积极的行动去创新，你的生命将无比精彩。

我们每个人都是一座有待开采的金矿，其潜力是无穷无尽的，如果我们怀着崇高的信念，寻找各种方法热忱地追求自己的目标。不为失败找借口，只为成功找方法。那么有一天，我们的生命会绽放出夺目的光彩。